I0112238

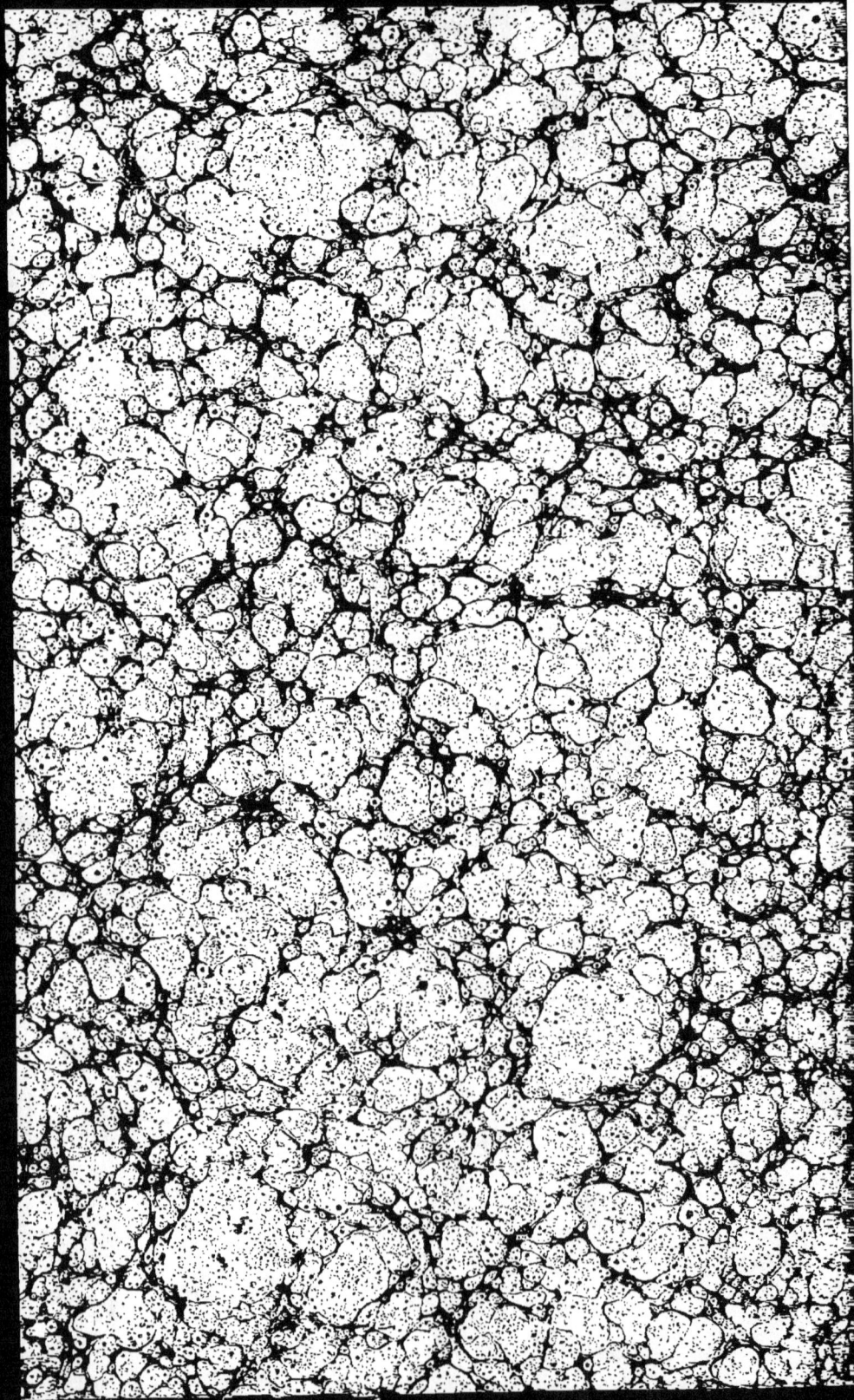

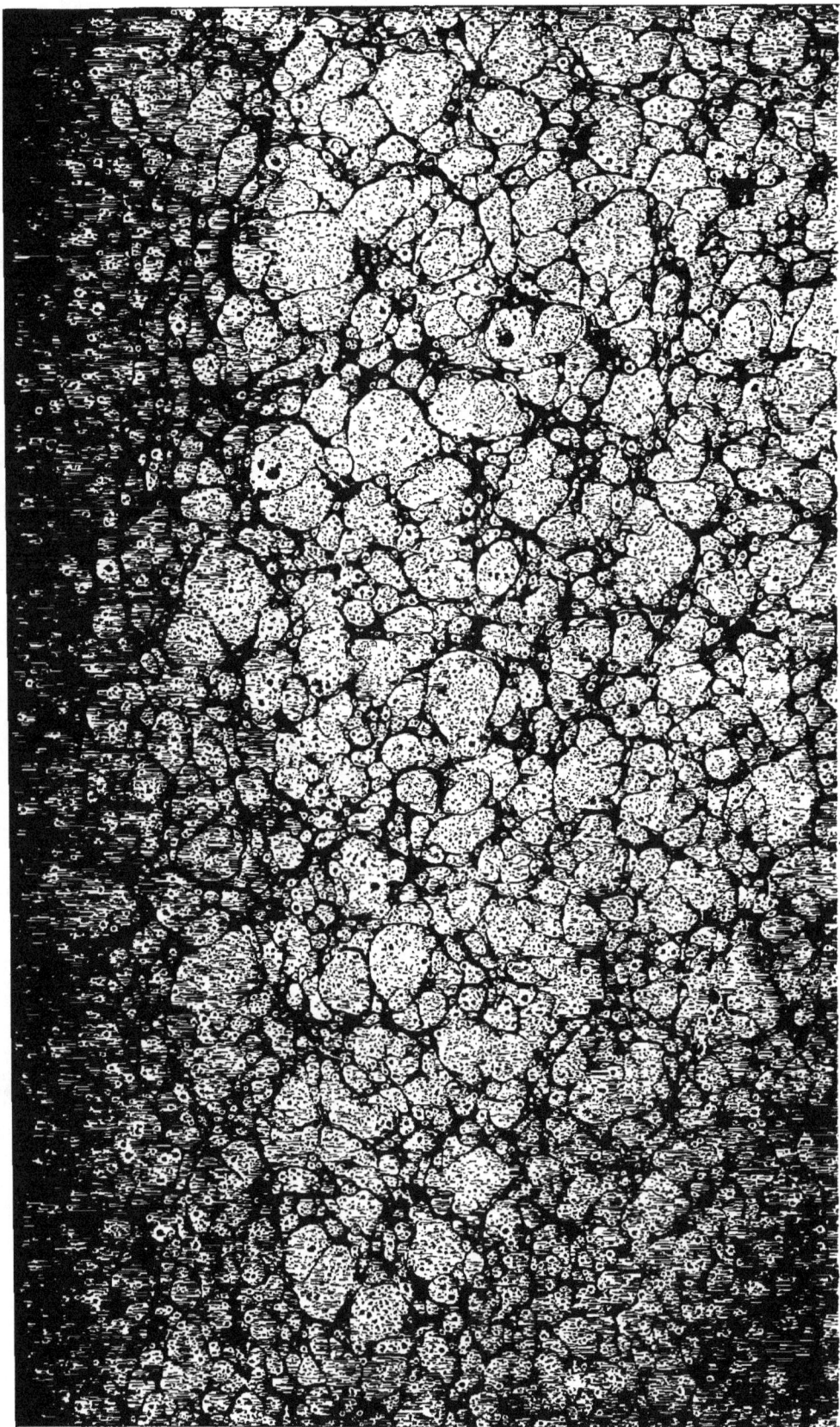

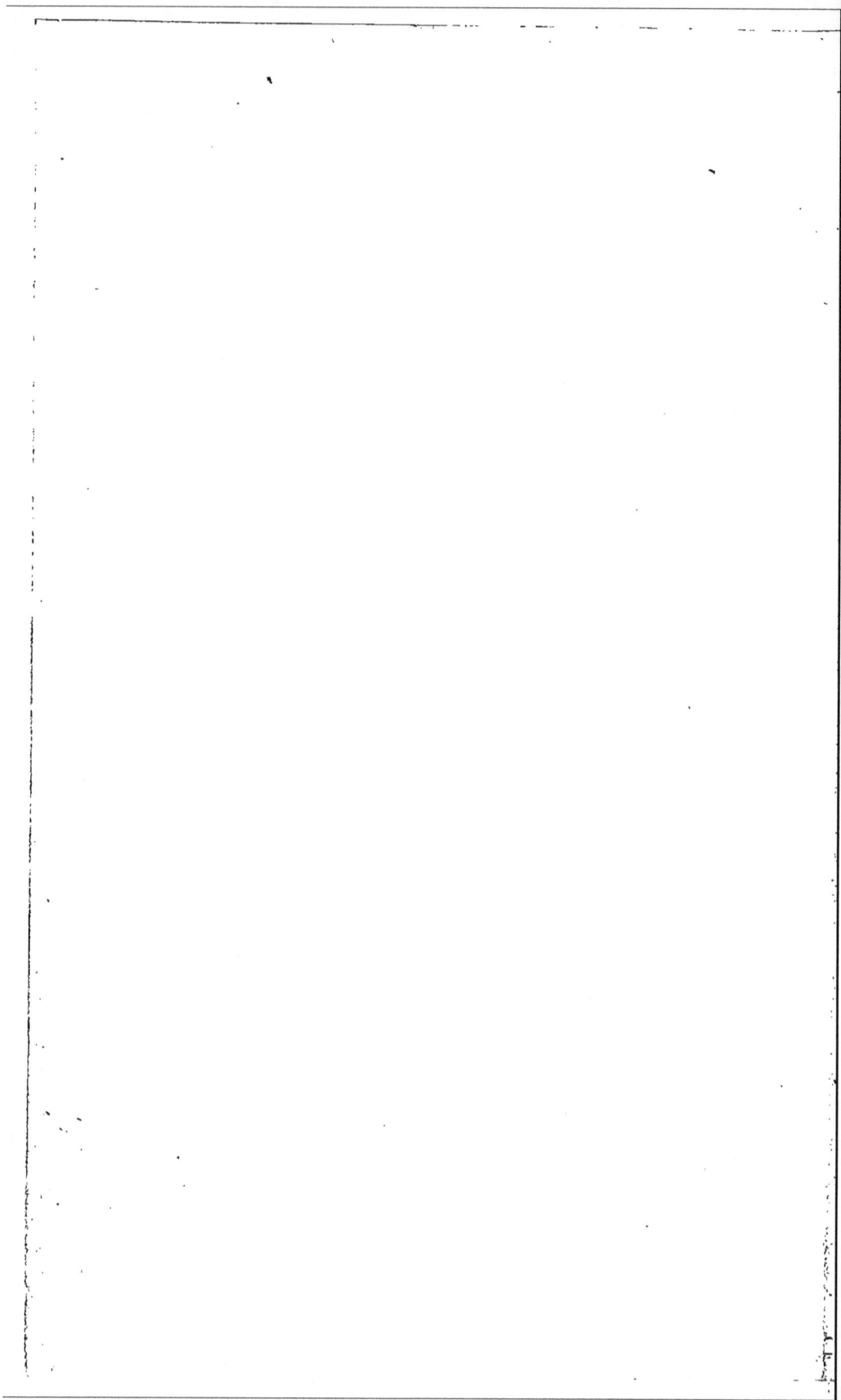

LE PRÉSIDENT BONJEAN

OTAGE DE LA COMMUNE

PARIS. — TYPOGRAPHIE A. POUGIN, QUAI VOLTAIRE, 13

CHARLES GUASCO

DOUZE VISITES A MAZAS

PENDANT LA COMMUNE

BIBLIOTHÈQUE NATIONALE · FONDS LE SÉNAT · N° · IMPRIMÉS

LE PRÉSIDENT BONJEAN

OTAGE DE LA COMMUNE

8° Z Le Senne 9490

Extrait du MONITEUR UNIVERSEL

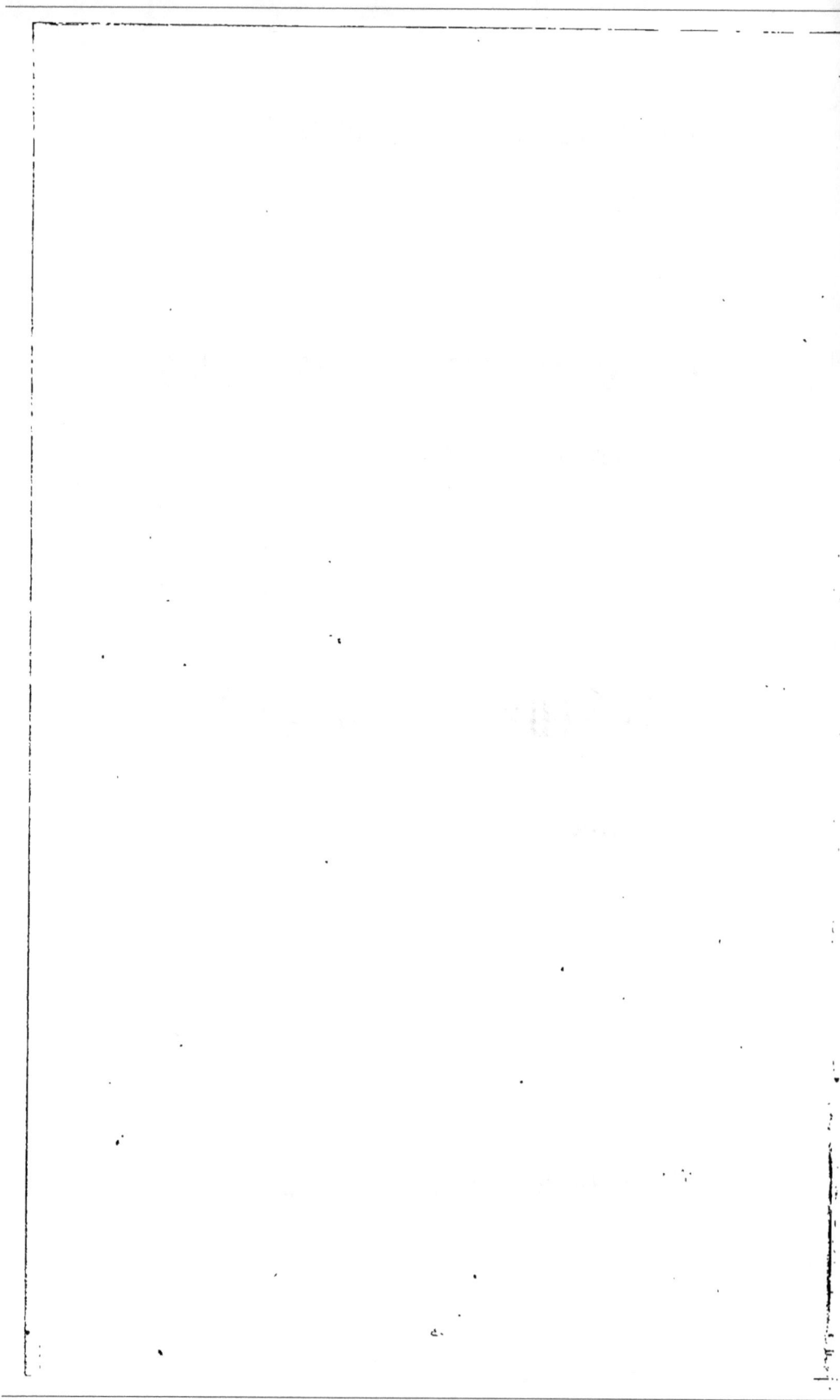

AU LECTEUR

———

Ce volume est le recueil des extraits de la correspondance de M. Charles Guasco, que vient de publier le Moniteur universel, sous le titre de **Notes historiques**.

L'auteur, volontaire aux zouaves pendant le siége, après avoir été dans sa famille en province, après la capitulation, était rentré à Paris, et il raconte, dans une série de lettres à son frère, tous les détails authentiques concernant la captivité et la mort de l'illustre président BONJEAN.

L'Éditeur.

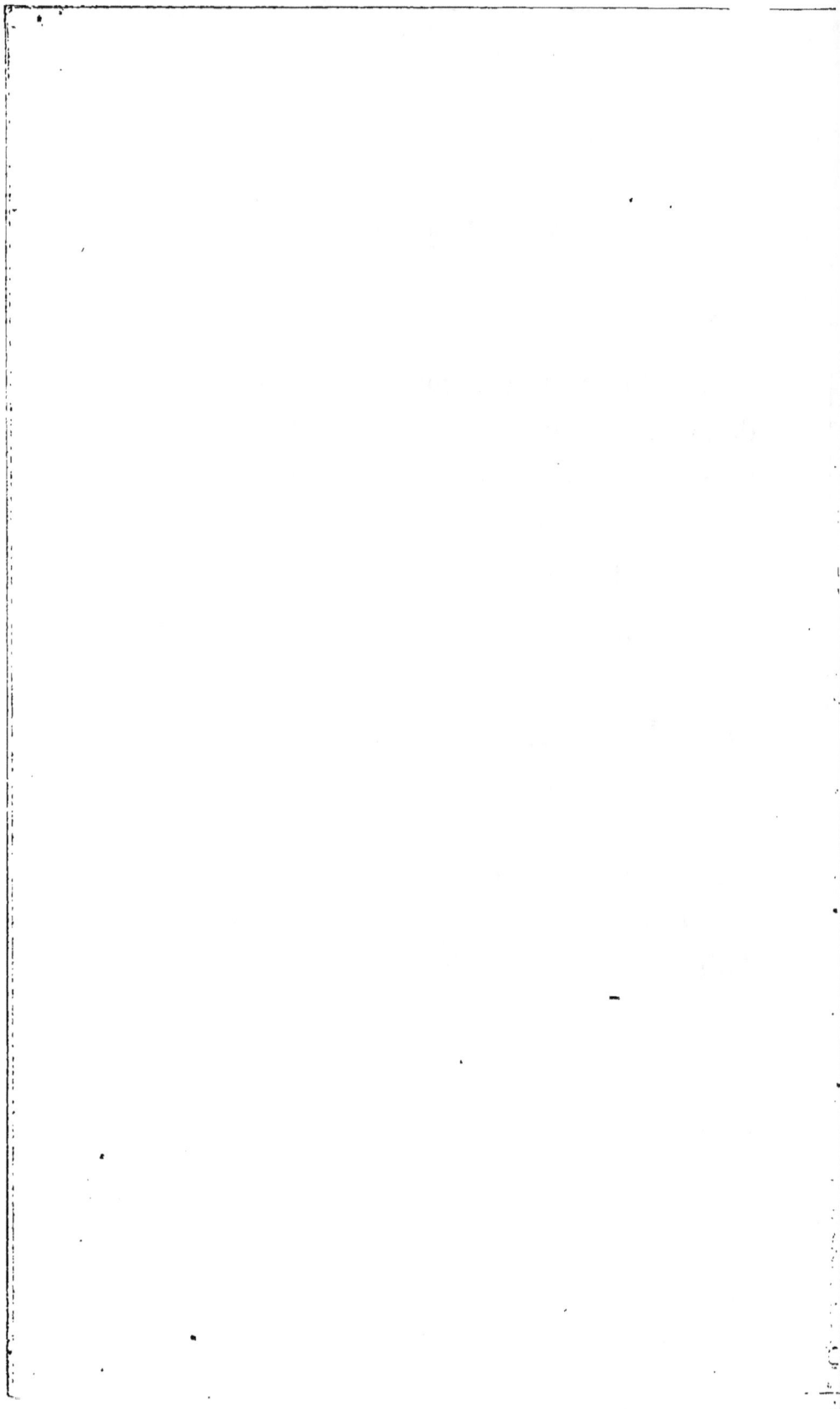

A MONSIEUR PAUL DALLOZ

RÉDACTEUR EN CHEF DU *MONITEUR UNIVERSEL*

Monsieur,

Après quelques hésitations, je consens à vous remettre la correspondance quotidienne que j'adressais, sous la Commune, à mon frère Irénée, avocat, ancien secrétaire de M. Bonjean.

Je sais l'amitié qui vous unissait à notre vénérable président; aussi, en vous autorisant à livrer ma correspondance au public, je n'obéis qu'à un sentiment : révéler à nos compatriotes une grande et noble figure digne d'être admirée.

Je n'ai rien à cacher de mes impressions; néanmoins, si vous croyez devoir supprimer tout ce qui donne la physionomie de Paris, au jour le jour, telle qu'elle m'apparaissait, vous voudrez bien conserver aux extraits que vous publierez leur caractère familier sans rien changer au texte.

Ce n'est pas un livre, c'est un témoignage : et je crois, par sa sincérité, rendre un pieux et dernier hommage à une mémoire illustre.

Un hasard m'a fait le témoin et le confident des souffrances de M. le président Bonjean. Le respect et l'affection qu'il inspirait à ses geôliers et à tous ceux qui l'approchaient ont seuls facilité mes entrevues, et je crois que nos compatriotes détournant leurs yeux des malheurs de la patrie, les reposeront un moment sur les détails intimes touchant la captivité et les derniers jours de celui qui sera pour la postérité *le Martyr du devoir*.

Veuillez agréer, monsieur, l'expression de ma considération la plus distinguée.

CHARLES GUASCO.

1er Juillet 1871.

DOUZE VISITES A MAZAS

PENDANT LA COMMUNE

—··∾∾∾·—

M. LE PRÉSIDENT BONJEAN

Otage de la Commune

—··∾∾∾·—

L'INCARCÉRATION

—

3 avril 1871.

Il faut toujours marcher au feu gaiement, le sourire aux lèvres et la confiance
dans l'âme ; si un accident survient, on
s'endort sans grimace et tout est dit.

Je souriais, je t'assure, en prenant mon
billet, d'entendre les bonnes femmes au-
vergnates murmurant entre elles : « Ce
pauvre monsieur, j'aime mieux que ce
soit lui que moi. Aller à Paris ! »

1.

Les voyageurs étaient rares en effet pour cette effrayante destination.

Au jour, je fus agréablement surpris de ne point voir pointer les casques prussiens qui pullulaient à mon dernier passage. Tout était mort, brûlé, dévasté. A Charenton seulement, je revis les casques à chenille et les pipes en porcelaine, mais ce ne fut heureusement qu'un éclair, car on brûla la station.

A la barrière de Paris, quelques gardes nationaux mal équipés regardent. Le train s'arrête un moment sur leur ordre. Un moblot parisien, à mine de chenapan, jette un coup d'œil pour la forme. « Inutile pour tout ce qui entre, crie le sergent à grande barbe. En route ! » Et on arrive sans encombre.

La gare est déserte. A l'extérieur une foule de pauvres diables déguenillés s'empressent.

La ville me paraît être calme. Ecclésiastiques, gens décorés et non décorés circulent comme à l'ordinaire, et il me faut lire les affiches furibondes pour apprendre que la veille on s'est égorgé entre Français et que la lutte continue.

Je cause avec quelques gardes nationaux et chemine un moment avec l'un d'eux, pauvre homme de Belleville, père de quatre enfants, qui est désolé de tout ce qui se passe. Il va rejoindre son bataillon, sans enthousiasme, de peur d'être traité de mauvais citoyen. Il ne demande qu'une chose, c'est que tout cela finisse et que le travail reprenne. Ses griefs sont très-vifs cependant contre ceux qui ont dirigé le siége et il s'exprime à leur égard en termes d'une violence inouïe.

— La poussière du voyage à peine secouée, j'ai couru prendre des nouvelles de nos amis et par la même occasion j'ai pris l'air et la physionomie de la ville.

On y est un peu ahuri et les bruits les plus étranges circulent, la réalité elle-même est incompréhensible.

L'une de mes premières visites a été pour la rue de Tournon, et j'y ai appris par les gens de la maison comment s'est faite l'arrestation de notre digne et vénérable président.

Le 24 mars, sortant de son audience, il alla voir son ami M. Paul Fabre, procureur général à la cour de cassation, et ne le trouvant point, il remit à sa femme un petit billet par lequel il lui disait qu'il l'attendrait chez lui jusqu'à cinq heures.

Mme Fabre envoya le billet au palais par son domestique. Les gens de la Commune venaient de s'y installer.

— Tiens ! fit l'un, le président Bonjean est bien aimable de nous apprendre qu'il sera chez lui jusqu'à cinq heures, nous

serons au rendez-vous ; en attendant, ar-
rêtons le porteur.

Vers quatre heures du soir, le même
jour, un petit jeune homme, en paletot
gris, se présentait rue de Tournon et s'é-
tant assuré que M. Bonjean était chez lui,
il introduisait un piquet de gardes nationaux et montait escorté d'un capitaine.

— Que me voulez-vous? demanda le
président.

Le jeune homme lui présente un mandat d'arrêt.

— Qu'est-ce que cela signifie? objecte
M. Bonjean ; il n'y a point le motif de
l'arrestation.

— Oh! ce n'est rien, fait l'émissaire, le
citoyen Raoul Rigault a seulement quelques questions à vous poser et votre liberté
vous sera ensuite rendue. Il n'y a aucun
motif de plainte contre vous.

— Mais alors pourquoi ce mandat d'arrêt?

Les délégués balbutient : « Ce n'est que
pour la forme. C'est un ordre. Suivez-
nous. »

M. Bonjean cède à la force, mais il demande que l'escorte de gardes nationaux
soit renvoyée. Un tel déploiement de forces, leur dit-il, est inutile pour violenter
un vieillard.

On obtempère à son désir.

Comme avant de sortir il avait remis

deux lettres à son serviteur Ecochard en présence des agents, on avait arrêté aussi ce domestique, pour la forme toujours, en disant :

— Accompagnez votre maître, il ne sera point seul pour revenir.

M. Bonjean arrive à la préfecture entre le capitaine et le jeune homme. A peine introduit dans le cabinet de l'ex-préfet, le prétendu commissaire se détache et, d'un air tout réjoui, va chuchoter auprès du grand chef.

— Vous êtes bien le citoyen Bonjean, ex-sénateur? demanda Raoul Rigault d'un ton dur.

— Que me voulez-vous?

— Faites un mandat d'écrou, ordonne simplement le délégué en s'adressant à l'un des secrétaires qui l'entouraient.

— Mais c'est une illégalité, un attentat! s'exclame M. Bonjean.

— Nous ne faisons pas de la légalité, ici, nous faisons de la révolution.

M. Bonjean essaye encore quelques protestations en faveur de son domestique.

Le mandat d'écrou est rempli et on l'entraîne

— Nous avons la force et nous vous rendons ce que vous nous avez fait, dans un autre temps, lui réplique une dernière fois le préfet.

Le domestique accompagne son maître

jusqu'au dépôt de la préfecture; on oublie de lui prendre les lettres que M. Bonjean adressait à sa famille, et il est relâché.

Et c'est ainsi qu'a été incarcéré ce magistrat distingué, l'une de nos illustrations contemporaines les plus pures, l'un de ces rares hommes politiques, dont l'amour pour la liberté et la démocratie et l'ardent patriotisme ne se sont jamais démentis.

Te le rappelles-tu encore, pendant ce dernier siége, épuisé et malade pour avoir voulu faire le service de simple garde national, adressant ses exhortations paternelles à son fils Georges, lieutenant de mobiles au fort de Vanves, seul, et n'ayant pas même auprès de lui son fidèle serviteur Claude qu'il avait voulu voir engagé pour la défense de Paris, malgré sa nationalité suisse.

C'est cet homme que la Commune a choisi pour victime !

Il est au secret et c'est en vain que ses amis cherchent à le voir. Serai-je plus heureux?

4 avril 1871.

.... J'essaie, mais ce sera difficile. Il y a des sentinelles partout, et l'abord des personnages de la Commune n'est pas aisé. J'ai échoué une première fois.....

5 avril 1871.

:... Aujourd'hui j'ai pu franchir les lignes et aller droit au chef du bureau des prisons, à la préfecture de police, 1re division, 3e bureau.

À la porte étaient plusieurs personnes : l'une venait réclamer son mari, l'autre son fils, une troisième son commis. Il paraît qu'on arrête tout le monde.

Mon tour d'audience arrive.

Le chef est avenant, sans doute un débris de l'ancien régime.

— Monsieur, je suis un ami intime du fils de M. Bonjean. Il est en province, auprès de sa mère malade, et je désirerais voir M. Bonjean, même devant témoins s'il le faut, pour transmettre de ses nouvelles à sa famille.

— Je suis désolé, monsieur, me répond l'aimable chef. Depuis deux jours, M. Bonjean est au secret, et personne ne doit communiquer avec lui, c'est un ordre formel du citoyen Raoul Rigault, et je me ferais fusiller si je l'enfreignais.

— Mais enfin, pourquoi M. Bonjean est-il arrêté ?

— Je ne saurais vous le dire, et je n'y comprends rien moi-même. Tout ce que je puis vous affirmer, c'est qu'il est en excellente compagnie, il est avec Mgr Darboy.

— Et pourquoi Monseigneur est-il arrêté ?

— Je ne le comprends pas davantage. Il
m'est fort agréable de pouvoir vous affirmer que M. le président va bien et qu'il
prend très-philosophiquement son parti de
ce qui lui arrive.

— Je n'en doute nullement, mais cela
ne fait pas mon affaire. Pensez-vous que
par la Commune je puisse obtenir ce que
je demande ?

— Non, vous perdriez vos peines et vos
démarches, l'ordre est formel.

Le citoyen Assi lui-même, qui est arrêté, ne peut communiquer avec sa femme,
mais d'ici peu de jours cela changera sans
doute, revenez me voir.

Et sur ce, sans me rebuter, me souve-
nant que tu avais rencontré quelquefois
Vermorel, chez un ami, je cours à l'Hôtel-
de-Ville.

La place de l'Hôtel-de-Ville est obstruée
de canons et de caissons. Il y a des factionnaires partout et l'un d'eux m'accompagne. Aux grilles sont attachés les chevaux. La cour intérieure est encombrée,
les salles où nous dansions il y a deux ans
également. Des gardes nationaux campés
dans les grands salons, y dorment, y man-
gent, y boivent, y jouent aux cartes et en
font d'immondes cloaques.

Au bout de chaque salle, des fédérés
avinés, la baïonnette au canon, font faction.

Je me fais conduire à la porte de la commission exécutive et je m'assieds.

A ma droite est un garde d'assez mauvaise mine, mais très-inoffensif. Il n'exprime que la surprise de se trouver dans un
si beau palais. Je ne l'ai jamais tant vu.
dit-il. Ça ne peut durer longtemps. Oh !
mais quand on viendra donner le coup de
balai, ce sera drôle, heureusement qu'il y
a des caves, moi je m'y fourre. A ma gauche est un moblot. Il est de faction, mais
il est fatigué de se tenir debout avec son
flingot et il s'est assis sans façon, riant et se
moquant à haute voix de tous ceux qui
entrent ou qui sortent, des *gradés* surtout.

Il y a cohue. Un ex-huissier de M. Haussmann, en habit noir, qui se tient à la porte,
a l'air on ne peut plus embarrassé et malheureux, « si ça dure encore huit jours
me dit-il d'un ton piteux, le tapis sera
percé. »

A chaque instant se présentent des gens
qui se plaignent d'être renvoyés de bureaux en bureaux, de l'hôtel de ville à la
préfecture de police et *vice versa.*

Je ne m'y reconnais plus moi-même,
lamente le malheureux huissier, à chaque
instant les bureaux changent de place.

Mais voici venir des purs. C'est un trio

de farouches *outrances*. Celui du milieu est blessé et se fait soutenir par ses camarades. Ils arrivent du champ de bataille pour donner des nouvelles à la Commune et vomissent des torrents d'injures contre *les bourgeois* qui n'ont pas voulu marcher avec le peuple. Que vont-ils dire de notre victoire ! Qu'ils vont être petits ! Et ils accompagnent les récits de leurs exploits contre les gendarmes et agents de police d'une mimique féroce et sauvage.

Après ce spectacle je fais passer mon nom, et Vermorel arrive aussitôt dans le couloir, me cherchant sous ses lunettes. Je lui expose dans l'embrasure d'une croisée le motif de ma visite. La chose lui paraît difficile après ce que m'a dit M. Gauthier, le directeur des prisons, cependant... il va voir Protot, le délégué à la justice, qui se trouve dans la salle des séances.

Il rentre, après avoir pris mes nom, prénoms et qualités, et au bout de cinq minutes il revient, me disant :

— J'ai obtenu bien plus que nous ne pouvions espérer, c'est incroyable que Protot ait donné cela, je n'en aurais pas pris la responsabilité sur moi ; et, ce disant, il me remet cet autographe :

« Le membre de la Commune de Paris, délégué à la justice, soussigné, déclare ne point s'opposer à ce que le directeur du dépôt de la préfecture de police laisse le sieur Guasco (Charles), employé, communiquer avec le détenu Bonjean, ex-sénateur.

« Fait à l'Hôtel-de-Ville de Paris, le 5 avril 1871.

« *Le délégué à la justice,*

« EUGÈNE PROTOT. »

Je le porte aussitôt à la préfecture de police, à M. Gauthier, mais le bureaucrate reparaît sous l'employé de la Commune, il hésite, tâtonne, et me renvoie au lendemain. Il faut, dit-il, qu'il communique cette pièce au citoyen délégué à l'ex-préfecture de police.

6 avril 1871.

Cette fois, j'arrive au 3ᵉ bureau, sûr d'un succès.

Il n'y avait que le garçon, un débutant, courtaud, barbu, en costume de garde national. Il critique ses chefs et me raconte comment le premier jeune homme qui s'est présenté à la préfecture demandant une place avait été fait chef de bureau, le deuxième sous-chef... c'est fort commode. Néanmoins les amateurs ne paraissent pas nombreux, car la maison est nouvelle et offre peu de garanties.

En attendant M. Gauthier, je parcours les bureaux et je finis par découvrir l'unique employé de la division. Nous causons, et il paraît s'intéresser à M. Bonjean et à ma demande. Ce malheureux est un ancien sous-officier déclassé à la recherche d'une position sociale. Il ne comprend rien à tout ce qu'il voit. Enfin le chef arrive.

— Désolé, me dit-il d'un ton important, le citoyen Raoul Rigault refuse, malgré l'avis du citoyen Protot.

C'est en vain que je m'étonne; l'ordre est formel, et je m'en vais fort ennuyé, après avoir essayé inutilement de voir le dictateur qui se joue ainsi de tout et de tous.

9 avril 1871.

Ne crois pas, mon cher Irénée, que j'aie renoncé à voir M. Bonjean, malgré le refus du citoyen Raoult Rigault.

J'ai trouvé fort à propos ces jours-ci à l'*Officiel* un ancien employé, qui me donne des recommandations pour le sous-chef du bureau des passe-ports qui était autrefois son collègue.

J'en profite pour rendre service à quelques amis en leur obtenant des passe-ports; après quoi je monte dans les bureaux de la préfecture, à la découverte, mais je n'ai pu jusqu'à présent parvenir à voir le délégué. En revanche, que de *Callot* me sont passés sous les yeux !...

PREMIÈRES VISITES A MAZAS

---

10 avril 1871.

J'allais faire, auprès de M. Gauthier, le directeur des prisons, une dernière tentative, qui eût été certainement infructueuse, lorsque par hasard je rencontrai dans le corridor mon déclassé de l'autre jour.

— Je vous reconnais bien, Monsieur, me dit-il. Vous venez sans doute pour votre permission. Faites-vous la donc faire par le garçon de bureau, il a justement des blanc-seings.

En effet, le garçon qui me reconnaît aussi s'empresse.

— Quel détenu allez-vous voir ?

— Bonjean.

Et il écrit, sans soupçonner le moins du monde ce que cela peut être.

Le blanc-seing est rempli, mais il faut le cachet de la première division.

Encore là je ne trouve qu'un garçon de bureau.

Le chef n'est pas là.

— C'est pressé, mettez-le vous-même.

Il appose le cachet et me voilà parti à Mazas, avec une autorisation que le citoyen Raoul Rigault m'avait refusée sur la lettre du citoyen Protot et que j'ai de par la volonté des garçons de bureau.

A Mazas, le personnel de l'ancienne administration ne paraît pas avoir changé et je suis introduit réglementairement. Le greffier qui inscrit mon autorisation, valable pour deux visites par semaine, demande à son voisin : « Quel est ce chef de bureau qui a signé ? c'est illisible. »

— Bon, pensai-je, c'est peut-être un blanc-seing de l'ancienne préfecture.

Je passe plusieurs guichets, mais, arrivé au parloir, nouvelle revue des gardiens.

— Bonjean ! dit l'un en me regardant de travers, mais il est au secret ; c'est celui qui est arrivé avec l'archevêque il y a deux jours ?

— Qu'importe ? répond le brigadier d'un ton bourru. On n'avait qu'à ne pas délivrer de permission à la préfecture de police. Appelez 14 ! 6 !

Aussitôt, je suis introduit dans une es-
pèce de confessionnal et on m'y enferme.
Serré là le visage contre une grille, et
n'ayant pour horizon qu'une autre grille
à un mètre de distance, et la répétition du
même confessionnal, je fis bien des réflexions en quelques secondes.

Ces portes que j'avais franchies, ces ver-
rous, ces hautes murailles, et au milieu de
tout cela ce personnel automatique, ces
anciens militaires, secs, sévères, silencieux
et incorruptibles, continuant leur service
comme si les détenus étaient les mêmes
qu'il y a un mois, les mêmes qu'il y a dix
ans! Et c'étaient les otages! c'était M. Bonjean que je venais voir.

Il arriva enfin fort impressionné, ému,
et sa surprise de me trouver là fut extrême.

Il n'avait pas de nouvelles de sa famille
depuis le 29 mars, et ne savait rien de
l'extérieur depuis cinq jours.

Après que je l'eus rassuré sur sa famille, il me fallut lui conter en détail comment j'étais arrivé jusqu'à lui.

— Me voici, me dit-il, à mon vingt et
unième jour de détention arbitraire, et je
n'ai pas encore été questionné. Pourquoi
suis-je arrêté?

— On dit que c'est parce que vous êtes
un conspirateur bonapartiste très-dange-
reux.

Cela le fait sourire et il me confirme les détails de son arrestation.

— Ils m'ont arrêté, ajoute-t-il, comme ils ont arrêté monseigneur Darboy, et tous ceux qui n'ont pas déserté leur poste pendant le siége.

Ces ignorants! ils disent que nous sommes des otages et ils nous traitent comme des criminels! Mais, chez les Romains, les otages étaient libres dans leurs demeures, recevaient leurs amis, continuaient leurs travaux. Sous la première République, les otages étaient réunis, conversaient, faisaient de la musique ensemble. Dernièrement encore, comment les Prussiens ont-ils traité le baron Thénard et tant d'autres, dont ils avaient fait des otages? Mais nous, nous sommes dans des cellules, au secret, ne voyant personne, ne recevant aucune nouvelle de l'extérieur et surveillés jour et nuit.

Les malheureux! ils ne savent même pas que des otages sont des victimes et non des coupables!

Ces journées, ajoute-t-il, doivent ressembler à celles de 93. Ne me cachez rien. Pour moi, le sacrifice de ma vie est fait, et je m'attends à chaque instant à être massacré dans ma cellule. Ce qui m'importe, c'est d'avoir des nouvelles de ma sainte et noble compagne, qui est malade, et de mes chers enfants.

Je ne saurais te rendre le ton d'abnégation et de ferme résolution de M. Bonjean lorsqu'il me parlait du sort qui l'attendait, et de profonde tristesse et d'anxiété toute paternelle lorsqu'il parlait de sa famille. J'en étais profondément ému, mais sans rien laisser paraître, je le dissuadai de ses appréhensions et l'assurai de tout mon concours pour ses rapports avec les siens, maintenant que j'avais le bonheur de le voir.

M. Bonjean, malgré son grand âge (67 ans) a bien supporté physiquement cette première épreuve, et, après quelques minutes d'entretien, je l'ai retrouvé toujours le même, aimable, spirituel, d'une affabilité et d'une simplicité qui vous élèvent jusqu'à lui, sans vous permettre d'oublier un seul moment son immense supériorité, qui réside tout entière dans son grand savoir et son grand caractère.

Je sortis de cette première visite l'esprit préoccupé, le cœur un peu serré ; et, le soir, relisant quelques-uns de ses discours, j'y trouvai, après une définition parfaite de ce qu'est un révolutionnaire, ce passage prophétique :

« .... (1) Mais, je vous le demande, si, ce qu'à Dieu ne plaise ! venait à s'établir en France un gouvernement néfaste qui

—————

(1) Discours au Sénat, 18 décembre 1863.

2

ne pùt vivre qu'à la condition de transporter à Synnamarie ou à Cayenne Mgr
l'archevêque de Paris, ses chanoines, les
curés de Paris, le procureur général de la
Cour de cassation (Hilarité), MM. les con-
seillers d'Etat ici présents (Nouvelle hilarité), les gouverneurs de la Banque de
France et du Crédit foncier de France, et
les principaux propriétaires et négociants
de Paris... je vous le demande, que penserait l'Europe d'un pareil gouvernement?
Elle penserait avec raison que la révolution est à Paris!... »

11 avril 1871.

..... Partout où je me présente, dans
les bureaux des journalistes, pour parler
de M. Bonjean et m'assurer un concours,
s'il en était besoin, je suis accueilli d'un
air farouche, puis les visages se détendent
et on cause... J'ai vu entr'autres l'*Opinion
nationale* et le *Bien public*, le plus coura-
geux de tous...

Vendredi 14 avril 1871.

Les amis de M. Bonjean font toujours
de vaines tentatives pour arriver jusqu'à

lui. C'est en vain qu'ils se font recommander aux membres de la Commune.

Ce matin même Ecochard a subi encore à la préfecture de police un refus formel de voir son maître, à cause du secret. Il m'accompagne toujours et m'attend dans les environs de Mazas. Si je ne sors pas, lui dis-je, c'est que je deviendrais aussi pensionnaire de la Commune ; en ce cas vous préviendriez mes amis aux adresses indiquées.

Au lieu de rigueurs je trouve des complaisances.

J'arrivai en retard et on m'admit, quoique le parloir dût se fermer à partir de trois heures.

Le greffier me demanda bien avec curiosité comment j'avais eu ma permission, et je lui répondis : Par le préfet de police.

Le respectable président me parut affaibli et un peu fatigué par cette longue détention, et le régime sévère de la prison ; mais aucune plainte ne sortit de sa bouche, et cette fois encore il ne me parla longuement que des siens, de sa femme malade, dont le sort l'inquiète par dessus tout ; de son fils Georges, pour lequel il écrit en ce moment un traité d'agriculture pour l'exploitation de sa ferme ; et de ses jeunes enfants, Maurice et Jules, dont les études le préoccupent beaucoup. Il est heureux qu'ils soient tous loin, et m'assure qu'il ne vivrait plus s'il les savait à Paris. Il leur a donné l'ordre le plus formel de ne pas venir, et compte sur le respect qui existe dans la famille envers l'autorité paternelle, pour que cet ordre ne soit pas enfreint.

Ses appréhensions au sujet de la fin des événements sont toujours aussi vives.

Comme tout ce qu'il apprend de l'extérieur lui vient de moi, j'ai beaucoup à lui conter et ces nouvelles lui sont une grande consolation, quelque mauvaises qu'elles soient.

Ma visite fut courte, par ordre, et je sortis sans encombre.

A la porte de Mazas, se tient un poste de gardes nationaux qui ont l'air fort inoffensifs et qui remplissent leur service militairement sans aller au-delà et sans s'inquiéter de qui entre ou qui sort.

SERVICE DE LA CORRESPONDANCE

17 avril 1871.

M. Bonjean se préoccupe par-dessus tout du service de sa correspondance avec sa femme. Il envoie chaque jour à Ecochard une note des différentes commissions qu'il doit lui faire, mais il en revient toujours à ce service important :

« Ainsi que je vous le disais hier, lui écrivait-il le 15, le plus grand service que vous puissiez rendre à ma famille et à moi, c'est d'assurer le départ régulier de mes lettres pour Orgeville. Dans le déplorable état de santé où les trop longues angoisses du siége ont réduit ma sainte femme et qu'aggrave encore ma captivité, son existence ne tient qu'à un fil qu'une interruption de correspondance de peu de jours suffirait à briser : car, connaissant de longue date mon tendre dévouement pour elle, elle se dirait : *Mon mari ne m'écrit plus : donc il n'existe plus...* et ce serait pour elle le coup mortel. Considérez donc, je vous en prie, le service de ma correspondance avec ma famille comme le plus important, le plus essentiel de vos devoirs. Je devrais même dire le seul essentiel ; car, en ce qui concerne *ma personne,* vous savez bien que je pourrai toujours me procurer le nécessaire, soit à la cantine, soit par le commissionnaire, si vous n'aviez pas le temps d'y pourvoir. »

Quant à moi, il m'avait chargé, lors de ma dernière visite, d'aller voir son ami, M. de Ronseray, directeur du contentieux du chemin de fer du Nord. Il était absent de Paris, et ce fut son beau-frère, M. Victor Bonnet, l'écrivain de la *Revue des Deux Mondes*, qui se chargea, fort obligeamment, d'être l'intermédiaire.

Il a été convenu avec M. Bonjean, que je viens de voir pour la troisième fois, qu'il lui enverrait ses lettres par la poste, et que M. Bonnet les remettrait à l'employé qui passe chaque jour prendre son courrier.

J'ai demandé la permission au président de tenter quelques démarches actives en sa faveur, mais il craint tellement que je sois arrêté et qu'il soit privé par ce fait de relations avec l'extérieur, qu'il me prie d'avoir la plus grande prudence. Il veut agir à mon égard dans ses lettres et ses propos vis-à-vis de la Commune, comme s'il ne me voyait pas. « Dieu, me dit-il, me pardonnera ce petit mensonge, et je ne vous exposerai point, ce qui me serait très-pénible.

« Vous êtes, ajoutait-il, comme un rayon de soleil dans ma prison, et lorsque vous me parlez des miens, c'est comme si vous me versiez du baume dans le cœur. Si vous saviez avec quelle impatience j'attends vos visites! De onze heures à deux heures, il s'écoule des siècles. Enfin vous voilà!... »

Il écoute le cœur navré quand je lui parle de cette pauvre France, meurtrie, déchirée, de Paris qui se meurt, et son âme si patriotique fait qu'il oublie sa propre situation devant les malheurs publics.

Je l'ai trouvé aujourd'hui mieux portant et dispos. Il ne s'est rien passé de nouveau autour de lui. Ecochard apporte régulièrement le dîner froid qui lui est passé par les commissionnaires et il ne voit aucune figure amie.

Nota. — Le soir de ce jour, M. Bonjean écrivit cette lettre à M. Victor Bonnet :

« Paris, lundi 17 avril 1871.

» Prison de Mazas, 6ᵉ division, cellule n° 14.

« *Monsieur Bonnet, quai Voltaire, 5, à Paris.*

« Monsieur,

« Par le plus grand des hasards, j'apprends que mon honorable ami M. de
« Ronseray n'est pas à Paris, mais que
« vous voulez bien le remplacer pour
« tous les bons offices que sa position
« lui permettait de rendre à ses amis, par
« ce temps malheureux d'interruption des
« relations postales entre Paris et la province.
« Voici ma situation :
« J'ai été arrêté le 21 mars, à mon domicile, au moment où j'y rentrais, après

« avoir présidé la chambre des requêtes...
« *Pourquoi?...* Je l'ignore encore après
« vingt-neuf jours de captivité, d'abord
« au dépôt de la préfecture, puis à Mazas,
« où je suis en ce moment *au secret.*

« Ce ne serait là qu'un assez petit mal-
« heur pour un homme de mon âge et de
« mon caractère ; voici la circonstance qui
« en fait un véritable supplice :

« Au mois de septembre, quand le siége
« de Paris parut imminent, j'exigeai que
« ma femme se retirât à Bayeux avec nos
« deux plus jeunes enfants et le person-
« nel féminin de nos domestiques.

« Pour moi, qui avais l'honneur de faire
« les fonctions de premier président, en
« l'absence de M. Devienne ; pour moi,
« bien qu'en temps de vacances, il me pa-
« rut que mon devoir était de m'associer
« aux privations et aux dangers de la po-
« pulation parisienne.

« Je rentrai donc à Paris, où diverses
« circonstances me retinrent jusque vers
« le 12 mars, où il me fallut me rendre
« dans le département de l'Eure (Orge-
« ville, près Pacy-sur-Eure), pour y pour-
« voir à la mise en culture d'une ferme
« que le fermier, fuyant devant l'invasion
« prussienne, avait abandonnée dès le 16
« septembre.

« Le dimanche 19, en apprenant les
« événements de la veille, je crus encore,

« comme au mois de septembre, que
« mon poste était là où il pouvait y avoir
« du danger, je rentrai donc à Paris dans
« la nuit du dimanche au lundi : le mardi
« 21, je présidais les requêtes, à trois
« heures et demie j'étais arrêté.

« De telle sorte que, depuis le 7 sep-
« tembre, je n'ai pas eu la consolation de
« revoir ni ma femme ni mes petits en-
« fants.

« Encore une fois, je suis de force à
« porter toute charge quand elle ne pèse
« que sur mes épaules... Mais voici qui
« dépasse ma force.

« Depuis que je suis en prison, j'ai ap-
« pris ce que l'on m'avait soigneusement
« caché, que ma noble et sainte compagne,
« succombant aux angoisses trop prolon-
« gées d'un long siége, pendant lequel
« elle avait eu nécessairement à trembler
« pour son mari et pour son fils, était
« tombée *dangereusement malade*, et que
« mon fils aîné, licencié de la mobile,
« et chargé de diriger l'exploitation de
« notre ferme, « avait dû la transporter
« de Bayeux à Orgeville, non sans danger
« de la voir expirer en route ; » que ma
« captivité, avec ses éventualités sinistres,
« avait porté le dernier coup à cette orga-
« nisation affaiblie ; que mes lettres « quo-
« tidiennes » pouvaient seules soutenir le

2.

« courage épuisé de ma trop chère ma-
« lade.

« Vous comprenez facilement, monsieur,
« le zèle avec lequel chaque « jour, » je
« me suis acquitté du devoir pieux qui
« m'était indiqué.

« Mais pour un prisonnier au secret et
« dans les circonstances actuelles, ce n'est
« pas une tâche facile.

« Il faut que ma lettre subisse le con-
« trôle du greffe ; qu'elle soit envoyée à
« mon domestique (Écochard est son nom),
« rue de Tournon, n° 2 ; qu'ensuite mon
« domestique aille la mettre à la poste à
« Saint-Denis.

« Avec beaucoup de dévouement, ce ser-
« vice de correspondance allait tant bien
« que mal... Mais, depuis hier, il n'est
« plus permis à mon domestique de quit-
« ter Paris.

« Dans cette détresse extrême, j'avais eu
« la pensée de recourir à M. de Ronseray...
« Il est absent.

« Mais, Dieu en soit loué ! votre bonté,
« monsieur, veut bien le remplacer ; voici
« donc le service que je prends la liberté
« de réclamer de vous :

« Chaque jour, comme aujourd'hui, je
« vous enverrai une lettre destinée à ma
« femme et à mon fils.

« Vous voudrez bien la mettre sous en-
« veloppe.

« Y inscrire l'adresse ci-après :
              « Madame Bonjean,
                        « à Orgeville,
        «près Pacy-sur-Eure (Eure).

« L'affranchir par un timbre bleu :

« Puis la faire mettre au bureau de
« Saint-Denis ou de Pontoise par l'un des
« agents du chemin de fer du Nord.

« Si je l'osais, je vous prierais bien en-
« core de m'indiquer comment, par votre
« intermédiaire, les lettres de ma malheu-
« reuse femme pourraient me parvenir ;
« mais ce serait abuser étrangement de
« l'obligeance d'un homme dont je n'ai
« pas l'honneur d'être connu ; et, d'ail-
« leurs, pourvu que la souffrance ne tombe
« que sur moi et soit épargnée à ma sainte
« compagne, je me résigne.

« En toute autre circonstance, mon-
« sieur, je n'aurais certainement jamais
« osé prendre la liberté que je prends en
« ce moment... mais nous sommes comme
« les naufragés sur le fatal radeau de la
« *Méduse*... et c'est le cas où jamais pour
« les honnêtes gens de se venir en aide
« les uns aux autres.

« Excusez, je vous prie, la longueur et
« le désordre de cette lettre que j'écris à la
« hâte, et veuillez agréer, avec mes remer-

« ciements que je vous offre d'avance,
« l'assurance de mes sentiments de haute
« considération.

« BONJEAN,

« Mazas, 6e division, cellule n° 14.

« Je n'ai pas besoin d'ajouter que, dans
« mes lettres, je m'abstiens de toute allu-
« sion aux événements politiques. Elles
« roulent exclusivement sur nos sentiments
« de famille et contiennent des conseils à
« mon fils aîné sur la manière de conduire
« l'exploitation agricole que la désertion
« du fermier jette si inopiuément sur nos
« bras. »

EUG. PROTOT ET RAOUL RIGAULT

18 avril 1871.

... Mon plan est fait. Je vais chercher à
prendre la bête par les cornes. Je suis allé
à cet effet chez *Lemercier*, rue de Seine,

57, chercher des biographies de M. Bonjean, et de là, place Vendôme, où je pénètre
sans difficulté, en donnant une bonne raison
aux factionnaires, comme d'habitude.

La place est fermée par des barricades
et pleine de gardes nationaux ; les fais-
ceaux sont formés. Les escouades font leur
popote entre les pavés.

Au ministère de la justice, ne trouvant
pas le délégué à la justice, je lui laisse ma
carte avec cette annotation : « Demande à
voir le citoyen Protot demain, à 10 heures, »
et je l'épingle à une biographie.

Tandis que je suis là, je parcours du
haut en bas les salons du ministère. Les
meubles sont dérangés et des domestiques
nettoient comme pour une installation.
Qui s'installera ?.....

J'entre au n° 9 demander des nouvelles
de l'un de mes compagnons d'armes, dis-
paru à Garches, qui était chez le maréchal
Canrobert. Les concierges me racontent
qu'on a mis les scellés partout chez le maréchal. Plusieurs bataillons ont déjà can-
tonné dans la maison sans mal faire. Il y
en a eu du faubourg Saint-Antoine, disent-ils, qui n'auraient pas cherché à ouvrir une porte fermée (sic).

Malheureusement, la veille sont arrivés
des gardes de Ménilmontant qui ont brisé
les scellés et commis quelques larcins. Je
conseille à ces braves gens de se plaindre,

ce qu'ils font auprès d'un officier d'état-major. Immédiatement l'officier s'emporte contre les fédérés et ne parle que de faire mettre le commandant en prison.

19 avril 1871.

A dix heures du matin, j'étais place Vendôme dans le salon d'attente du délégué à la justice.

Il y avait là vingt personnes de conditions diverses et presque toutes des plus vulgaires.

J'y vois cependant quatre messieurs, dont deux décorés. Il y a aussi des gardes nationaux. Tout ce monde est silencieux et attend.

Molé, D'Aguesseau et l'Hospital du haut de leurs grands cadres, nous regardent, graves et sévères.

L'attente se prolonge et on bâille.....

Comme on avait distribué des numéros d'ordre, écrits à la plume, sur de petits papiers blancs, j'avais d'abord cru, naïf, que les choses allaient se passer démocratiquement, mais point, c'est à qui empiète sur l'autre.

Les dames passent les premières, puis voici venir les cartes vertes et les cartes rouges qui ont priorité. Des femmes trop connues apparaissent et on leur fait prendre le corridor à gauche, sans doute les petites entrées...

J'avais déjà une heure et demie d'attente.

Je m'impatiente.

— Ce sont des farceurs comme les autres, me dit mon voisin, un capitaine de la garde nationale, homme du peuple.

— Eh bien, entrons, le garçon est parti.

Et nous entrons dans le grand salon où je m'installe, ce qui me permet d'assister à trois ou quatre audiences du grand juge Protot.

Il est là, adossé à sa cheminée, en veston court et pantalon noir, qui parle, tranche, fait grâce, donne des consultations, le tout à la file.

Protot est un grand diable pas trop mal de tournure, mais mauvaise figure. Il a du serpent dans les manières; du tigre il a l'œil orange.

Celui qui lui sert de secrétaire et qu'il tutoie est un gros roux, frisé et bon vivant qui doit bien faire en face d'un pâté et d'une bouteille de champagne.

Il me semble me trouver au milieu d'échappés d'un bal d'étudiants.

A une table, dans un coin de la salle, sont les purs à barbes grises, les vieux fous du mouvement.

Mon tour arrive et je m'approche, mais après ce que je viens de voir et d'entendre, il m'est impossible de prendre le délégué au sérieux.

— Je désire vous parler de M. Bonjean.

Ici, un sourire sardonique plisse les lèvres du grand juge.

— Ce n'est pas à moi qu'il faut vous adresser. Le citoyen Bonjean a été arrêté par la sûreté générale, je n'ai rien à voir dans son affaire.

— Oui, mais comme vous êtes avocat, je désire vous en parler à vous d'abord. M. Bonjean est en prison depuis trente jours sans motif et sans avoir été interrogé.

— Pardon! il a été interrogé deux fois.

Je ne nie pas pour ne pas avoir l'air trop instruit et je poursuis :

— Mais enfin, cela ne saurait durer, et, en attendant, ne pourrait-on apporter quelque adoucissement à sa peine? Ne pourrait-il être prisonnier sur parole, chez lui?

— Oh! oh! faites ces propositions à Rigault et vous verrez comme il les recevra! Pour garder M. Bonjean seulement, il faudrait un poste de cinquante hommes et nous avons deux mille otages! Quant à être prisonnier sur parole, les Girondins qui valaient bien M. Bonjean donnèrent aussi leur parole et ils s'en allèrent soulever la province contre Paris.

Je souris à mon tour.

— Fort bien, lui dis-je, mais voyons, franchement, cet état de choses ne peut se prolonger, obligez-nous.

— M. Bonjean est-il mal, se plaint-il?

— Oh! il est très-bien, il est dans une cellule à Mazas et au secret.

— Pas du tout! sa famille le voit quand elle veut.

— Pour cela non, sa famille n'est pas à Paris.

— Mais enfin, vous le voyez, vous, pour être si bien informé.

— Eh bien oui, répondis-je, brûlant mes vaisseaux, je le vois, mais je ne sais pourquoi, car personne n'a pu arriver jusqu'à lui, pas même son docteur et son domestique.

— Eh bien, dites à M. Bonjean que d'ici quatre ou cinq jours le tribunal révolutionnaire va être institué et il sera jugé.

— Ah! tant mieux, c'est tout ce qui peut nous arriver de plus heureux, car nous ne voulons pas de grâce, je défie qu'on puisse juger M. Bonjean et le condamner.

— Le grand juge a l'air d'opiner, ajoutant : Oui, je ne pense pas non plus qu'il soit condamné, car il faudra la majorité. Le tribunal sera établi dans le sens le plus libéral. Jamais M. Bonjean n'aura inspiré une juridiction plus libérale.

— A propos de libéralisme, vous a-t-on remis hier sa biographie ?

— Non. (Il la cherche.) Serait-ce le Panthéon des illustrations contemporaines ? — Oui, le voici.

— Eh bien, je vous en fais présent, elle vous apprendra quel est l'homme que vous retenez.

— Merci, je la parcourrai avec le plus grand plaisir.

— Elle vous instruira.

Sur ce, je m'en fus, et le grand juge m'accompagna en se dandinant.

Toute cette conversation eut lieu sur un ton sardonique et moqueur de part et d'autre. Je me tenais à quatre pour ne pas dire ma pensée. J'avais tout le temps sur les lèvres : — Farceur sinistre et grotesque ! va ! ce n'est pas sérieux. Quel dommage que je ne puisse te parler du quartier Latin et de la pension B...!

Et le peuple met ce monde-là à sa tête. Pauvre peuple !

P. S. — J'ai appris depuis que le gros secrétaire général est en effet un bon vivant « *que ça embête d'aller se faire tuer* » et qui a préféré cette place, à condition que sa nomination ne serait pas à l'*Officiel de la Commune.*

20 avril 1871.

... N'ayant pas aussi bien réussi à la

préfecture de police qu'à la place Vendôme, j'espérais ce soir trouver le dictateur
Raoult Rigault au café Latin. On m'avait
affirmé qu'il y allait quelquefois et je m'y
rendis avec mon ami Baldus dont le père
venait d'être arrêté, mais le garçon nous
dit qu'il n'y était pas venu depuis deux ou
trois jours.

J'avais eu sur le dictateur quelques renseignements. Raoul Rigault est un ancien
étudiant en médecine qui aurait quelques
inscriptions. Toute sa vie il a été révolutionnaire et déjà, au collége Saint-Louis
il faisait des émeutes et dressait des listes
de proscription. Sous l'empire il avait été
poursuivi comme révolutionnaire, mais
en dernier lieu le Gouvernement du 4 septembre l'avait nommé commissaire de
police pour la politique, en remplacement
de M. Lagrange, aux appointements de
8,000 francs par an, et il a rempli cette
fonction pendant le siége.

LES VISITEURS

Vendredi 21 avril 1871

..... A mon quatrième pèlerinage à
Mazas, j'ai dit à M. Bonjean mon audience

du délégué à la justice, et de son côté il me raconta une visite dans sa cellule, de trois citoyens à ceinture rouge, conséquence de ma démarche.

— Citoyen Bonjean, lui dirent-ils, il paraît que vous vous plaignez d'être l'objet de mauvais traitements, nous venons faire une enquête.

— Non, messieurs, la consigne est rigoureuse, le règlement de la prison très-sévère, mais les gardiens sont humains et ont les égards dus à un homme de mon âge. Ce dont je me plains, c'est de cette détention arbitraire. Depuis trente-deux jours je suis ici sans qu'on m'ait indiqué dans aucune pièce le motif de mon arrestation, et vous êtes les premiers qui venez m'interroger. Les otages subissent toute la rigueur du secret.

— J'ai bien été au secret pendant huit mois! interrompit un de la bande.

—Vous, vous étiez sans doute poursuivi comme conspirateur, moi, c'est différent, je suis persécuté sans que l'on ait formulé l'ombre d'un motif, même politique. Mes amis ont tenté en vain des démarches, on leur a répondu : M. Bonjean est un otage précieux et nous le gardons, voilà tout.

— Mais, si vous êtes traité ainsi, dit un des trois, c'est par respect pour le principe d'égalité.

— Oh! pour cela, jeune homme, lui répond le président, qui reconnaît celui qui l'avait arrêté, nous ne nous entendons pas. Pour moi l'égalité consiste à allonger les manches de la veste, et pour vous à les supprimer. Vous ne comprenez donc que l'égalité dans le malheur. Du moment où je ne suis qu'un otage, je dois être traité comme tel.

Et comme il leur fait un tableau de ce que sa situation devrait être et de ce qu'elle est.

— Mais enfin, interrompt ce drôle vous ne manquez de rien.

— Il me faut bien peu de chose pour mon existence matérielle.

— Enfin, si vous vouliez faire trois et même quatre repas par jour au lieu d'un ou deux, vous le pourriez. Alors vous êtes confortablement et n'avez aucun motif de plainte. C'est bien, nous ferons notre rapport. Et le trio s'en alla.

M. Bonjean me donna des détails curieux sur ce *confort* qui se traduit par un déjeuner au pain sec et un dîner de Spartiate qu'il fait venir maintenant de chez un gargotier du voisinage.

Mais il pourrait faire quatre repas par jour s'il voulait et il doit être heureux ! C'est le commissaire délégué de la Commune qui l'a dit. — Ces gens là ne voient rien au-delà !

M. Victor Bonnet m'avait prié de m'en-

quérir des nouvelles de M. l'abbé Lagarde
qui est de Lille et dont la famille est privée
de toutes nouvelles depuis qu'il est enfermé à Mazas comme otage.

M. Bonjean ne put rien m'en dire : l'archevêque et tous les ecclésiastiques, me
répondit-il, sont comme moi au secret le
plus absolu, et je n'en ai aucunes nouvelles depuis mon entrée ici.

En sortant j'aperçus au greffe le directeur, M. Mouton, et le questionnai à brûle-
pourpoint :

— M. Lagarde va parfaitement, me répondit-il, il est à Versailles.

— Comment? il était hier à Mazas.

— Oui, mais on l'a mis en liberté *sur
parole* pour qu'il tâche d'arranger les affaires. Il a une mission de l'archevêque.
Nous l'attendons d'une minute à l'autre.

— Je vous remercie, je donnerai cette
bonne nouvelle.

22 avril 1871.

... Non content de mes visites, M. Bonjean m'écrit encore quelquefois les autres
jours de la semaine, et dans chacune de
ses lettres se manifeste toujours sa grande
préoccupation.

Il m'écrit aujourd'hui :

« Ecrivez souvent à votre ami Georges
« et que vos lettres soient conçues de ma-

« nière à calmer, le plus possible, les som-
« bres inquiétudes de ma malheureuse
« femme. »

Et je fais comme il le dit, d'autant plus
que je ne partage pas ses craintes d'une
façon absolue...

PORTRAIT DE M. BONJEAN

PAR LUI-MÊME

---

24 avril 1871.

Cinquième visite à Mazas. M. Bonjean a
reçu deux visites depuis vendredi. M. Fondeville, de Saint-Nacaire (Gironde), le plus
intelligent des trois délégués de l'autre
jour et le moins malveillant, et l'inspecteur
général des prisons.

Aujourd'hui le président était à une de
ces heures où l'on éprouve le besoin d'un
retour au passé, et j'ai eu le bonheur de
recevoir l'expansion intime de toutes ses
pensées.

Avec une simplicité touchante, il a rap-
pelé ses pénibles débuts, sa jeunesse si
laborieuse, alors qu'orphelin à seize ans
il s'était trouvé seul au monde, sans ap-

pui, aux prises avec toutes les difficultés
matérielles de la vie.

Puis, d'années en années, il en est arrivé à son sujet favori, sa famille et cette
bonne terre d'Orgeville où elle s'abrite.

En passant, il m'a fait son portrait
peint par lui-même, que je n'oserais re-
copier, tant il était fin et ressemblant.

Comme le sage, il se connaît lui-même
et fait la part des imperfections qu'il se
voit avec une grâce charmante.

« Je n'ai pas l'imagination très-brillante,
me disait-il, mais j'ai une force de classi-
fication et une perfection de méthode ac-
quise par un travail opiniâtre, et que bien
peu possèdent. Je n'ai jamais traité d'une
question (et celles auxquelles j'ai touché
sont nombreuses) sans l'avoir approfondie
et étudiée sur tous ses côtés. Avec ma méthode, j'ai fait de petits tableaux statisti-
ques fort clairs, qui n'ont l'air de rien et
qui m'ont coûté chacun une somme de tra -
vail considérable.

« Les sentiments que j'ai exprimés dans
la vie publique ont toujours été dictés par
mon cœur; aussi l'amour de la liberté les
a-t-il toujours inspirés, et j'ai complimenté
le souverain que j'ai servi toutes les fois
qu'il avançait dans la voie libérale que je
n'ai jamais désertée.

« Quant à ma vie privée, je défie qu'on
puisse y découvrir la plus petite tache.

« J'ai toujours rempli mes devoirs de père et de citoyen, et mes enfants peuvent avouer hautement le bien-être que je leur laisse après moi, car il a été conquis par une vie des plus laborieuses, et jamais on n'a vu mon nom mêlé aux entreprises industrielles et commerciales de la fin de l'Empire. »

En effet, qui a connu M. Bonjean, soit au palais, soit au Sénat, reconnaîtra que son caractère ne s'est jamais plié aux goûts et aux mœurs de la vie pratique des grands. Exclusivement absorbé par ses travaux, il ne quittait guère sa bibliothèque que pour siéger à la chambre des requêtes, au Sénat, ou dans l'une des nombreuses commissions dont il était l'un des rouages les plus actifs.

Il ne reniait jamais son origine : loin de là, il s'en faisait son plus beau titre de gloire, et en 1858 il la revendiquait fièrement en disant au Sénat assemblé :

« ... Si par démocratie on entend les
« principes proclamés en 1789, et que no-
« tre vénérable collègue M. le comte Por-
« talis définissait, en me répondant : l'é-
« gale admissibilité de tous à tous les
« emplois, à tous les honneurs de l'Etat,
« *sans distinction de naissance*, je serais
« bien ingrat de n'être pas démocrate,
« car si, malgré mon origine plébéienne,
« j'ai l'insigne honneur de siéger parmi

3

« les patriciens de l'Empire, à quoi en
« suis-je redevable, sinon à la victoire de
« la démocratie ? »
(Discours sur les titres de noblesse, Sénat,
18 mai 1858.)
Voilà l'otage de la Commune.

PROJET DE DÉFENSE

26 avril 1871.

... M. Bonjean m'écrit aujourd'hui entre autres choses :

« Mazas, ce mardi 25 avril 1871.

« ... Enfin, sachez si M. Bosviel, rue
« Richelieu, 60, *M. Desmarest, rue Scribe,*
« 5, et M. Nicolet, rue Ville-l'Evêque, 19,
« *sont à Paris.*
« Il m'est revenu hier que la Com-
« mune venait d'instituer une sorte de
« tribunal révolutionnaire... il est bon de

« se mettre en mesure. Si vous rencontriez
« *M° Desmarest*, celui à qui je tiendrais
« le plus, faites lui part de ma position.
   « Voilà bien des commissions pour une
« fois, mon cher enfant, mais je suis sûr
« de votre dévouement, et, en échange, je
« vous envoie la bénédiction d'un vieillard,
« comme je le ferais pour un de mes fils.

                    « BONJEAN. »

Est-ce que le jury d'accusation fonction-
nerait?...

Vendredi 28 avril 1871.

J'ai revu M. Bonjean pour la sixième
fois.
   La veille il avait reçu la visite de deux
membres de la Commune, MM. Miot et
Gambon, qui s'étaient montrés parfaits à
son égard, et avaient écouté toutes ses
plaintes.
   M. Jules Miot lui a même dit : Ne crai-
gnez rien. Jamais le décret sur les otages
ne sera exécuté. C'est bon pour faire réflé-
chir Versailles et pour les empêcher de
fusiller nos prisonniers ; mais ici il ne
sera fait de mal à personne.
   Nous avons longuement traité la ques-

tion de la défense. Comme les avocats qu'il m'avait désignés ne sont pas à Paris, je me suis mis à sa disposition et il a accepté ma proposition avec une affectueuse reconnaissance.

«J'avais d'abord pensé, m'a-t-il dit, à un avocat pour défenseur; mais ce serait presque me reconnaître accusé, et puisque vous voulez bien leur parler de moi, je me réserve de traiter la question de droit et la question générale en faveur des otages. »

La Commune vient de rendre un décret qui laisse à l'accusé la liberté la plus absolue dans le choix de son défenseur. Ainsi, mon cher docteur, je n'empiéterai pas sur les priviléges si exclusifs de ta noble corporation. Cependant il me sera facile, je l'espère, d'exprimer chaudement ce que je sens vivement, comme Français et comme ami.

Greffiers et gardiens continuaient à être toujours aussi silencieux que par le passé et nullement malveillants; mais voilà qu'aujourd'hui le nouvel employé du greffe que j'avais remarqué la dernière fois, profitant du moment où il me passait ma permission visée, me chuchote d'un air mystérieux : « Attendez-moi à la sortie, à trois heures, je voudrais vous dire deux mots. »

Il me rejoint en effet, et me déclare qu'il se nomme C....., qu'il était employé à la Légion d'honneur, père de famille, et que, se trouvant fort embarrassé par suite des décrets de la Commune et de sa position, il n'avait accepté un emploi à Mazas que pour rendre service aux otages. Il aurait eu affaire à M. Bonjean, lorsqu'il était secrétaire de M. G....., le député, et me proteste qu'il lui est complétement dévoué.

Malgré tout cela, comme je ne connais ce nouvel auxiliaire que depuis cinq minutes, et par ses seules déclarations, je l'accueille, comme bien tu penses, avec toute la prudence imaginable.

Dimanche 30 avril 1871.

Avant-hier, je soutenais à M. Bonjean qu'il avait exagéré son devoir, en revenant à Paris après le 18 mars, et sous le coup sans doute de l'impression que lui avait laissée mon observation, il m'énonce ses raisons dans cette admirable lettre que je te communique. Inutile de te dire que je suis convaincu.

« Mazas, le 30 avril 1871.

« Vous m'avez demandé, mon cher « Guasco, pourquoi, deux fois, le 8 sep-« tembre et le 20 mars, j'étais rentré à « Paris, alors que le séjour de cette ville

« pouvait présenter de sérieux dangers.
« Vous vous êtes étonné surtout que je n'aie
« pas profité de l'armistice du 28 janvier
« pour aller embrasser à Bayeux ma femme
« et mes enfants, pour lesquels vous con-
« naissez mon extrême tendresse et dont
« j'étais séparé depuis si longtemps.

« Si, au lieu de combattre bravement à
« Villiers et de vous faire mutiler sur le
« plateau d'Avron par un obus prussien,
« vous fussiez venu causer quelquefois
« avec votre vieil ami, vous sauriez qu'é-
« tant donné le principe incontestable que
« *c'est surtout aux jours du danger qu'un*
« *fonctionnaire doit être à son poste*, je
« ne pouvais agir autrement que je ne l'ai
« fait. Je reprends vos trois questions :

« 1re *Question*. La chambre des requêtes,
« que je présidais, étant en vacances du
« 1er septembre au 3 novembre, j'aurais
« pu, sans doute, très-régulièrement, sans
« encourir aucun reproche, rester en
« Normandie avec ma famille et y atten-
« dre la fin d'un siége que personne alors
« ne supposait pouvoir durer au delà de
« quelques semaines. Mais d'un autre cô-
« té, par suite du départ de M. Devienne,
« c'était à moi, comme doyen des prési-
« dents de chambre, qu'incombaient les
« fonctions de premier président, c'est-à-
« dire de la plus haute magistrature du
« pays. Je crus donc de mon devoir de

« rentrer à Paris, lorsque le siége parut
« imminent; et j'y rentrai en effet le 8
« septembre, laissant en Normandie ma
« femme et mes enfants en pleurs. Mon
« sentiment était d'ailleurs celui de tous
« mes collègues; et lorsque, quelques
« jours après, M. Crémieux, garde des
« sceaux, nous consulta sur l'opportunité
« de transférer la cour de cassation à Poi-
« tiers, les 24 membres, présents à Paris,
« n'hésitèrent pas à répondre, à une
« grande majorité, que le bien du service
« n'exigeait point ce déplacement, et à
« l'unanimité, que d'ailleurs *il était plus*
« *digne du premier corps judiciaire de*
« *rester associé aux périls de la popula-*
« *tion parisienne* (voir l'*Officiel* du 13
« septembre). Je continuai donc pendant
« toute la durée du siége les fonctions de
« premier président, jointes à celles de
« président des requêtes.

« J'avais même tenté de contribuer plus
« activement à la défense de Paris, en me
« faisant inscrire comme volontaire dans
« la garde nationale; mais ce service se
« trouva au-dessus de mes forces, et je
« dus y renoncer.

« 2ᵉ *Question*. Pourquoi, après la capi-
« tulation du 28 janvier, n'ai-je pas pro-
« fité de la cessation de l'investissement
« pour rejoindre à Bayeux, ne fut-ce que

« pour quelques jours, ma famille bien-
« aimée? Le voici :

« La capitulation laissait pendante une
« question grosse de périls, celle de l'en-
« trée des Prussiens à Paris. S'ils eussent
« persisté à le traverser triomphalement,
« un attentat contre le roi dé Prusse était
« à prévoir ; et cet attentat pouvait amener
« un massacre effroyable. Je ne crus pas
« qu'il fût permis au représentant le plus
« élevé de la justice française (et je l'étais
« *par intérim*) de se trouver absent de
« son poste à la veille de si terribles éven-
« tualités, dans lesquelles son rang lui
« fournirait peut-être l'occasion de rendre
« quelques services, et je résistai à l'en-
« traînement d'ailleurs bien légitime qui
« qui me poussait vers Bayeux.

« 3ᵉ *Question*. Pourquoi être rentré le
« 20 mars ? — Ce fut seulement quand la
« question de l'entrée des Prussiens à Paris
« eut été dénouée plus heureusement qu'on
« ne pouvait d'abord l'espérer, et que les
« devoirs de ma charge me le permirent,
« que je me mis enfin en route pour
« Bayeux, avec obligation de m'arrêter
« quelques jours à Orgeville (Eure), pour
« tâcher d'y organiser la mise en culture
« de notre domaine, que le fermier, fuyant
« devant l'invasion allemande, avait aban-
« donné dès le 16 septembre, laissant les
« terres incultes, fait dont je n'avais été

« averti que le 18 février. J'étais donc à
« Orgeville dès le 14 mars, et j'allais con-
« tinuer ma route sur Bayeux, quand, le
« dimanche 19, assez tard, j'appris l'évé-
« nement du 18 : la retraite du Gouver-
« nement à Versailles et l'établissement à
« l'Hôtel-de-Ville d'un pouvoir rival ; le
« tout avec les exagérations ordinaires en
« pareille circonstance.

« Il n'était pas permis d'hésiter; j'écrivis
« à ma digne femme pour lui dire de ne
« pas m'attendre de quelques jours, et,
« dans la nuit du 19 au 20, je rentrais à
« Paris, à une heure très-avancée. Le lundi
« fut consacré à parcourir les journaux, je
« n'en avais lu aucun depuis le 13, afin
« de tâcher de me faire une idée du ca-
« ractère, encore fort obscur, du mouve-
« ment du 18 mars. Le mardi 21, je pré-
« sidai, à l'ordinaire, la chambre des re-
« quêtes; à trois heures et demie, au mo-
« ment où je venais de rentrer chez moi,
« j'y fus arrêté, conduit à la préfecture de
« police, puis au dépôt, plus tard à Mazas,
« sans avoir pu jamais connaître les mo-
« tifs de mon arrestation; et aujourd'hui
« encore, après 41 jours de détention,
« dont 37 au secret, je n'en sais pas plus
« que le premier jour, si ce n'est le ren-
« seignement vague que je serais détenu
« comme *otage*.

« Voilà, mon cher Charles, dans toute

3.

« leur simplicité, les faits que vous dési-
« riez connaître. Je m'abstiens de toute
« réflexion qui pourrait être considérée
« par le greffe comme mettant obstacle au
« départ de cette lettre.

« Eh bien, mon cher enfant, mon âge
« et votre dévouement filial m'autorisent
« bien à vous donner ce titre, ce que j'ai
« fait, je le referais encore, quelque dou-
« loureuses qu'en aient été les conséquen-
« ces pour ma famille tant aimée. C'est
« que, voyez-vous, à faire son devoir, il y a
« une satisfaction intérieure qui permet de
« supporter avec patience, et même une
« certaine suavité, les plus amères dou-
« leurs. C'est le mot du sermon sur la
« montagne, dont je n'avais jamais si bien
« compris la sublime philosophie : —
« *Heureux ceux qui souffrent persécution*
« *pour la justice!...* C'est la même pensée
« exprimée par Sidney sous une autre
« forme, quand s'étant pris à rire, en des-
« cendant l'escalier de la Tour, pour porter
« sa tête sur l'échafaud, il répondit à ses
« amis étonnés de cet accès de gaieté dans
« un pareil moment : *Mes amis, il faut*
« *faire son devoir, et rester gai, jusqu'à*
« *l'échafaud inclusivement.*

« Que, loin de vous décourager, mon
« exemple vous soit au contraire un nouvel
« encouragement à faire votre devoir, quoi
« qu'il en puisse advenir ; car je puis vous

« affirmer sur l'honneur que, sauf la poi-
« gnante inquiétude que j'éprouve pour la
« santé de ma noble et sainte compagne,
« jamais mon âme ne fut plus sereine et
« plus calme que depuis que j'ai perdu
« jusqu'à mon nom, pour ne plus être
« que le n° 14 de la 6ᵉ division. Mais ce
« n° 14 vous aime bien et vous bénit
« comme si vous étiez un de ses enfants.

« Je n'ai pas besoin d'ajouter, car votre
« ami a dû vous le dire, qu'en annonçant
« mon arrestation à mon brave Georges, j'y
« avais joint la défense la plus énergique
« de venir à Paris pour rien tenter en ma
« faveur. Je lui disais que son poste à lui
« était de rester auprès de sa mère mou-
« rante, auprès de ses jeunes frères, dont
« il pouvait devenir d'un jour à l'autre
« l'unique protecteur ; que sa présence à
« Paris serait pour moi la cause d'un vé-
« ritable désespoir ; car j'aurais à craindre,
« soit qu'on le retînt aussi comme otage,
« soit qu'on l'obligeât à servir dans cette
« horrible guerre civile ; que l'un ou
« l'autre événement serait certainement
« le coup mortel pour sa pauvre mère.
« Dieu merci ! mon brave enfant avait le
« cœur assez haut pour comprendre ce
« langage, et je suis fier autant que re-
« connaissant de l'effort que cette géné-
« reuse nature a su faire sur elle-même
« pour accomplir le devoir que lui impo-

« sait mon autorité paternelle : aussi mon
« cœur le bénit-il avec la plus tendre
« affection.

« BONJEAN. »

LA PAROLE D'HONNEUR

Lundi 1ᵉʳ mai 1871.

... Je commence à être connu à Mazas
comme *habitué*, et plusieurs des gardiens
étant médaillés militaires, ont pour moi des
attentions toutes de confraternité.

J'ai causé longuement avec M. Bonjean.
M. J. Miot, membre de la Commune, qui
lui avait témoigné beaucoup d'égards à sa
première visite, est revenu. Il lui a laissé
entrevoir la possibilité d'obtenir une mise
en liberté de quarante-huit heures, pour
aller embrasser sa femme et ses enfants à
Orgeville et il s'est offert pour présenter
cette proposition à la Commune.

Comme il demandait à M. Bonjean s'il
donnerait sa parole,

M. Bonjean lui a répondu :

— Je vous remercie de me l'avoir demandée, car jamais je ne l'aurais offerte, parce que *jamais* je n'aurais supporté l'affront que l'on pût douter de ma parole d'honneur.

Il me rapporte à ce propos ce qu'il vient d'apprendre et ce qui l'afflige profondément.

Il paraîtrait que le 12 avril, Mgr Darboy étant *au secret*, et n'ayant comme M. Bonjean que les nouvelles erronées de l'extérieur qu'il plaisait aux gens de la Commune de leur donner, a écrit à M. Thiers la lettre suivante, que j'ai trouvée dans les journaux :

Prison de Mazas, 12 avril 1871.

Monsieur le président,

J'ai l'honneur de vous soumettre une communication que j'ai reçue hier soir, et je vous prie d'y donner la suite que votre sagesse et votre humanité jugeront la plus convenable.

Un homme influent, très-lié avec M. Blanqui par certaines idées politiques, et surtout par le sentiment d'une vieille et solide amitié, s'occupe activement de faire qu'il soit mis en liberté. Dans cette vue, il a proposé de lui-même aux commissaires que cela concerne cet arrangement : Si M. Blanqui est mis en liberté, l'archevêque de Paris sera rendu à la liberté avec sa sœur, M. le président Bonjean, M. Deguerry, curé de la Madeleine, et M. Lagarde, vicaire général de Paris, celui-là même qui vous remettra la présente lettre. La proposition a été agréée, et c'est en cet état qu'on me demande de l'appuyer près de vous.

Quoique je sois en jeu dans cette affaire, j'ose la recommander à votre haute bienveillance; mes motifs vous paraîtront plausibles, je l'espère.

Il n'y a déjà que trop de causes de dissentiment et d'aigreur parmi nous; puisqu'une occasion se présente de faire une transaction, qui du reste ne regarde que les personnes et non les principes, ne serait-il pas sage d'y donner les mains et de contribuer ainsi à préparer l'apaisement des esprits?

L'opinion ne comprendrait peut-être pas un tel refus.

M. Lagarde partit le 12, et le 17, M. Flotte, l'intermédiaire de cette affaire, recevait de Versailles cette réponse de lui :

Monsieur,

J'ai écrit à Mgr l'archevêque, sous le couvert de M. le directeur de la prison de Mazas, une lettre qui lui sera parvenue, je l'espère, et qui vous a sans doute été communiquée. Je tiens à vous écrire directe-

ment, comme vous m'y avez autorisé, pour
vous faire connaître les nouveaux retards
qui me sont imposés. J'ai vu quatre fois
déjà le personnage à qui la lettre de Mgr
l'archevêque était adressée, et je dois, pour
me conformer à ses ordres, attendre encore
deux jours la réponse définitive. Quelle
sera-t-elle? Je ne puis vous dire qu'une
chose, c'est que je ne néglige rien pour
qu'elle soit dans le sens de vos désirs et des
nôtres.

Dans ma première visite, j'espérais qu'il
en serait ainsi, et que je reviendrais, sans
beaucoup tarder, avec cette bonne nouvelle.
On m'avait bien fait quelques difficultés;
mais on m'avait témoigné des intentions fa-
vorables.

Malheureusement la lettre publiée dans
l'*Affranchi*, et apportée ici après cette pu-
blication aussi bien qu'après la remise de la
mienne, a modifié les impressions. Il y a eu
conseils et ajournement pour notre affaire.
Puisqu'on m'a formellement invité à diffé-
rer mon départ de deux jours, c'est que tout
n'est pas fini, et je vais me remettre en campagne. Puissé-je réussir encore une fois !

Vous ne pouvez douter ni de mon désir
ni de mon zèle. Permettez-moi d'ajouter que,
outre les intérêts si graves qui sont en jeu
et qui me touchent de si près, je serais heureux de vous prouver autrement que par des
paroles la reconnaissance que m'ont inspirée
vos procédés et vos sentiments. Quoi qu'il
arrive et quel que soit le résultat de mon
voyage, je garderai, croyez-le bien, le meilleur souvenir de notre rencontre.

Veuillez, à l'occasion, me rappeler au bon souvenir de l'ami qui vous accompagnait, et agréez, monsieur, la nouvelle assurance de mon estime et de mon dévouement.

B.-J. LAGARDE.

Le 19, Mgr Darboy écrivit à M. Lagarde :

L'archevêque de Paris à M. Lagarde,
son grand-vicaire.

M. Flotte, inquiet du retard que paraît éprouver le retour de M. Lagarde, et voulant dégager, vis-à-vis de la Commune, la parole qu'il avait donnée, part pour Versailles à l'effet de communiquer son appréhension au négociateur.

Je ne puis qu'engager M. le grand-vicaire à faire connaître au juste à M. Flotte l'état de la question, à s'entendre avec lui soit pour prolonger son séjour encore de vingt-quatre heures, si c'est absolument nécessaire, soit pour rentrer immédiatement à Paris, si c'est jugé plus convenable.

De Mazas, 19 avril 1871.

G..., *archevêque de Paris.*

M. Lagarde répondit :

« M. Thiers me retient toujours ici, et je ne puis qu'attendre ses ordres, comme je l'ai plusieurs fois écrit à monseigneur. Aussitôt que j'aurai du nouveau, je m'empresserai d'écrire.

« LAGARDE. »

Alors monseigneur remit à M. Washburn, ministre des Etats-Unis, ce dernier et formel rappel :

« Au reçu de cette lettre, et en quelque état que se trouve la négociation dont il a été chargé, M. Lagarde vondra bien reprendre immédiatement le chemin de Paris et rentrer à Mazas. On ne comprend guère que dix jours ne suffisent pas à un gouvernement pour savoir s'il veut accepter ou non l'échange proposé. Ce retard nous compromet gravement et peut avoir les plus fâcheux résultats.

« De Mazas, le 23 avril 1871.

« G., archevêque. »

Pour moi, me dit M. Bonjean, je préférerais la mort la plus misérable à cette pensée que l'on pût dire que j'ai manqué à ma parole, et il m'exprime avec énergie combien il aurait à cœur, si M. Miot obtenait sa mise en liberté provisoire *sur parole*, d'être de retour avant même le délai qui lui aurait été déterminé.

Profitant du rayon de joie que lui donne l'espérance de revoir sa famille, ne serait-ce qu'une heure, je lui communique la pensée qui m'est venue au sujet de sa libération probable par un jury, si nous parvenions à obtenir un jugement public.

Il me semble que ce n'est pas en vain que le destin l'a fait prisonnier de la Com-

mune. L'autorité de son nom, l'élévation
de ses idées et la fermeté de ses principes
lui assignent un rôle de pacificateur dans
l'effroyable crise que nous traversons.

Eh ! qui donc serait plus à même, à un
moment donné, de prendre cette place de
conciliateur, si ce ne sont ces hommes
de cœur et de devoir qui ont vécu en dehors des belligérants et qui n'ont aucun
de leurs aveuglements ?

Qui donc ? si ce n'est Mgr l'archevêque
et lui, M. Bonjean.

M. Bonjean m'écoute, et son sourire un
peu dubitatif m'arrive à travers les grilles.
Il m'avoue que depuis deux ou trois
jours il est préoccupé de cette même pensée et que certainement il ne reculerait
devant aucun sacrifice pour sauver Paris,
mais qu'il n'entrevoit guère d'issue pacifique.

— M. Thiers, me dit-il, ne peut et ne doit
admettre comme base de toute conciliation
que le désarmement complet de la garde
nationale, et il ne faut pas espérer voir
cette condition acceptée par une population aveuglée et fanatisée.

Depuis la première visite de MM. Miot et
Gambon on a autorisé la lecture des journaux aux otages, mais les premiers temps
on avait soin de ne laisser passer que le
Cri du peuple, le plus détestable de tous;
maintenant ils les reçoivent indifféremment

et c'est encore un adoucissement à leur dure captivité.

J'ai déjà eu plusieurs fois l'occasion de rencontrer quelques-uns de ces malheureux fanatisés dont M. Bonjean redoute les fureurs, et ils nous donnent, je crois, le véritable caractère du mouvement.

L'autre jour encore, en descendant en bateau-omnibus du Trocadéro à la Cité, je me suis trouvé avec plusieurs *outrances* qui revenaient de Neuilly et j'ai écouté avec intérêt le dialogue de deux d'entr'eux.

L'un, était un faubourien pur sang, figure hâve, joues creuses, grands yeux intelligents, longs cheveux d'une couleur indéfinissable. Les vêtements témoignaient d'un service des plus actifs. Les mains étaient noires.

L'autre, du même bataillon, plus propre, mieux mis, correct et sans accrocs. On voyait qu'il avait dû choisir les bons coins. Ce devait être un boutiquier.

Le faubourien était fanatique, le boutiquier tiède. Celui-ci se plaignait du service pénible — des bataillons privilégiés, — des réfractaires.

L'autre lui répliquait : Vous feriez croire que vous êtes de la pâte dont on fait des lâches ! Toujours l'intérêt, toujours l'égoïsme ! Que vous importe que l'un fasse d'une manière, l'autre d'une autre ? Faisons chacun notre devoir ! Quand on a la

foi, quand on combat pour le droit et la
justice, arrière les petits sentiments vils
et mesquins! Aujourd'hui, le chassepot,
c'est notre travail. Demain le marteau,
quand tout sera pacifié. Ceux qui ne mar-
chent pas, eh bien! je les plains plus que je
les blâme, car au jour de la victoire ils
ne pourront pas dire j'étais là !

Les objections timides du tiède interlo-
cuteur pâlissaient devant la parole fiévreuse,
ardente, du prolétaire fanatisé.

Ces exaltés ne sont pas innombrables,
comme on le croirait, mais ils sont comme
le levain dans un grand mouvement révolutionnaire, et ils font tourner toutes les
passions au profit de leurs idées sociales.
Idées n'est pas le mot, car il n'y a rien de
défini; ce serait plutôt aspirations qu'il
faudrait dire.

Comme ils sont fanatisés par de longues
souffrances endurées et d'interminables rê-
veries sur un sujet non discuté, on peut
s'attendre de leur part à toutes les fureurs
pour faire triompher leur idéal.

M. JULES MIOT

Mardi 2 Mai 1871

..... A neuf heures du matin je me rendis, rue de la Vieille-Estrapade, n° 27, chez M. Jules Miot, membre de la Commune.

Le concierge m'adresse au troisième, où je trouve une vieille servante à bonne figure.

— Le père ou le fils? me dit-elle.

— Le père.

Et immédiatement je suis introduit dans un petit salon d'où sortaient deux dames en noir et quelques vieux messieurs.

Dans la microscopique salle à manger faisant antichambre, j'avais remarqué, entre autres dessins, la charge du citoyen J. Miot, signée par notre ami Carjat. Le salon est des plus modestes, comme tout le logement; aux murailles sont des gravures de bataille : Wagram, la Moskowa!

M. Miot me rejoint.

C'est un grand et beau vieillard. Tête

énergique et vénérable. Grande barbe
blanche. Il porte une calotte rouge à li-
séré bleu.

Son regard est franc et sa physionomie
est celle d'un homme honnête et loyal.

— Je suis un ami des fils de M. Bonjean,
lui dis-je. Je suis parvenu à le voir à Mazas, et, sachant les égards que vous avez
eus pour lui, je viens vous en remercier et
vous demander si vous avez obtenu quelque chose de la Commune.

Aussitôt il me fait asseoir auprès de lui
et nous causons presque familièrement.

— Eh bien, me répond-il, je n'ai pas
été aussi heureux que je l'espérais. Le délégué Protot s'est opposé à la mise en liberté sur parole. On a objecté l'exemple
de Lagarde ; néanmoins j'espère encore.
Sur ma proposition on vient d'organiser
un comité de salut public et j'en obtien-
drai plus que de tous ces avocats. Ils ne
comprennent rien aux questions d'humanité et de politique... Il y a d'abord une
question d'humanité pour M. Bonjean à
lui laisser aller voir sa femme malade, et,
pour moi, la question d'humanité prime
toujours la question politique... Mais ces
jeunes gens avec leurs textes, leur détention, leur secret, ne veulent pas entendre
raison. Ils nous ont fait déjà bien du mal
par toutes leurs mesures impolitiques...
Plus Versailles est barbare et cruel, plus

nous devrions être humains et généreux...
Enfin, nous allons remédier à tout cela
avec le comité de salut public; je n'y ai
pas été nommé, parce que j'avais déclaré
que je demanderais la tête des traitres.
Quand je pense que nous avons failli être
livrés ! C'eût été affreux, il y aurait eu des
massacres dans les rues, dans les prisons,
mais nous y avons mis bon ordre.

— L'arrestation de Cluseret se rattache-
t-elle à ce complot? demandai-je.

— Oui.

Après une conversation fort libre pendant laquelle je pus lui faire part des idées
personnelles que je t'ai soumises sur
l'archevêque, sur M. Bonjean, et sur les
conséquences de sa libération sur parole,
M. Miot parut entrer complétement dans
ces vues de conciliation à ménager, et il
m'assura qu'il allait tenter de nouveaux
efforts dans le même sens, en faisant valoir auprès de ses amis les considérations
de haute politique.

M. Bonjean avait un vague souvenir
d'avoir aperçu la physionomie de M. Miot
à la Constituante de 48, et je conçois qu'il
se soit senti pour lui de la sympathie, car
de son côté M. Miot me paraît l'avoir en
haute estime.

— Si vous écrivez, à M. Bonjean, me
dit-il en prenant congé, faites-le *en termes vagues.*

Ce qui m'a frappé entre autres particularités chez M. Miot, c'est son mécontentement et son irritation contre les *jeunes de la Commune* qui, à son dire, sont *intraitables.*

QUELQUES LETTRES DE M. BONJEAN

PENDANT LE SIÉGE DE PARIS

---

4 mai 1871

Mme Bonjean m'a envoyé aujourd'hui Claude, son domestique, avec une lettre dont j'extrais ce passage qui t'explique le but du voyage :

« Orgeville, ce 3 mai 1871.

« La généreuse intention que votre
« dernière lettre exprime à votre ami
« Georges, de vous constituer le défenseur

« officieux du plus irréprochable des accu-
« sés, me touche profondément et m'in-
« spire la pensée de vous adresser quelques
« lettres écrites par notre cher captif,
« dans des moments où il était assurément
« bien éloigné de prévoir qu'elles pussent
« devenir pour lui dans l'avenir un moyen
« de justification et de défense.

« Ces lettres que je m'empresse de vous
« adresser par un messager spécial et que
« je vous prie de me conserver religieuse-
« ment, sont au nombre de onze ; j'y ai
« souligné les passages qui me paraissent
« démentir victorieusement les soupçons
« que font peser sur notre cher prison-
« nier ceux qui le privent de sa liberté.

« Il me semble que ces lettres seraient
« la réfutation la plus victorieuse, la plus
« palpable qui put être opposée aux accu-
« sations *d'intrigues bonapartistes* portées
« contre celui qui les a écrites, et comme
« les timbres de la poste leur donnent *date*
« *certaine*, les plus méfiants de ses juges
« ne pourront supposer qu'elles aient été
« fabriquées pour les *besoins de la cause!* »

5 mai 1871.

... A Mazas, j'ai trouvé M. Bonjean
avec la fièvre. Il savait l'arrivée de Claude
et ne comprenait pas qu'il ne pût venir

4

jusqu'à lui, puisque M. Miot avait levé le
secret lors de sa dernière visite.

Je lui racontai nos démarches infruc-
tueuses de la veille pour voir MM. Cour-
net, Protot ou Raoul Rigault. Nous avions
trouvé la préfecture de police et le Palais
de Justice débarrassés de la cohue de
gardes nationaux, balayés et nettoyés, mais
presque sans employés.

Le matin même Claude était retourné
seul au Palais de Justice. L'un des secrétaires de Protot lui avait demandé *ce qu'é-
tait le citoyen Bonjean*, et un autre l'avait
éconduit en lui répondant : le citoyen
Bonjean est un assassin. Il n'est pas à
Mazas pour qu'on aille le voir.

Bref, Claude a dû s'en retourner sans
voir son maître.

Le secret existe toujours, malgré l'intervention de M. Miot, et on semble même avoir
redoublé de rigueurs envers les prisonniers, ce que m'apprend l'employé C., qui
me parle quelquefois à la sortie.

J'espère qu'on cachera ma permission si
on vient à inspecter le greffe, ce qu'on n'a
pas encore eu le temps de faire sans
doute.

En parlant à M. Bonjean de la défense
et au sujet des lettres qui m'ont été en-
voyées, il m'a dit : Mon cher enfant, il
n'est pas dans mon habitude ni dans mon
caractère de frapper ceux qui sont tombés,

et si vous vous servez de ces lettres, comme je vous y autorise, faites-le avec discrétion.

Tu sais mieux que personne, mon cher Irénée, les grands et nobles sentiments qui l'animaient pendant la guerre, toi qui as pu le fréquenter à cette époque, et ces lettres te rappelleront ses intéressantes conversations. Elles respirent un patriotisme si exalté et donnent si bien la note des impressions éprouvées à Paris pendant le siége, que je n'ai pu résister au désir d'en détacher quelques extraits.

M. Bonjean a été sénateur de l'Empire, mais il n'a jamais été un favori. Il ne doit son élévation qu'à lui-même, à son savoir et à sa valeur personnelle, et comme il est Français avant tout, nul ne songerait à s'étonner des cris de patriotique douleur qui lui sont échappés après Sedan et après la capitulation.

Ces lettres seront une leçon pour ceux qui ne voient partout que trahison, au lieu de reconnaître que si dans tous les camps il est des ambitieux qui sacrifient tout à leur orgueil, il est encore de vrais Français qui mettent l'honneur national au-dessus même de leurs intérêts et de leurs affections les plus chères.

Entre mille, je te citerai ces quelques passages :

« Paris, lundi 22 août 1870.

« ... Je vois avec une tendre et pro-
« fonde admiration que tu es décidée à ne
« reculer devant aucun des sacrifices qui
« seront nécessaires pour sauver le pays
« de la situation très-grave, très-péril-
« leuse où l'a plongé... de ceux qui l'ont
« gouverné depuis quelques années.
     « ... En somme, chaque jour gagné
« nous est aussi profitable que funeste aux
« Prussiens. Espérons donc; mais en at-
« tendant, que chacun fasse son devoir. »

———

Paris, 25 août, jeudi, 5 h. 30 matin.

     « Ainsi que te l'aura appris mon n° 1
« d'hier au moment où tu recevras ce que
« je t'écris en ce moment, j'ai assisté,
« hier, à la séance du Corps législatif, qui
« ne s'est terminée que vers sept heures.
     « Triste séance, en vérité !
     « Dans mes précédentes lettres, je t'ai
« expliqué la question que faisait naître la
« proposition Kératry... Ce député de-
« mandait qu'un comité de neuf députés,
« *élus par la Chambre*, fût adjoint au
« comité de défense. Le ministre repous-
« sait cette proposition en soutenant
« qu'elle constituerait un empiétement *du*
« *législatif sur l'exécutif.*

« La commission nommée pour l'exa-
« men de cette propesition a essayé de
« trouver un biais dans ces deux derniers
« jours... Cette transaction n'ayant pu
« avoir lieu, la commission, par l'organe
« de M. Thiers, est venue déclarer que,
« plutôt que d'*amener en ce moment une*
« *crise ministérielle*, elle concluait au re-
« jet de la proposition Kératry et d'un
« amendement proposé par M. Glais-Bi-
« zoin.

« Sur ce, discours de Kératry, — ré-
« ponse du ministre du commerce, — dis-
« cours très-vif de Picard, — réplique de
« Palikao, — discours très-venimeux de
« Jules Favre, — clôture prononcée en
« dépit des efforts de Gambetta. — Rejet
« de la proposition. — Tu verras tout cela
« dans les journaux que tu recevras de-
« main matin.

« Au fond, c'est toujours la question
« de déchéance qui se reproduit sous di-
« verses formes.

« La gauche ne veut pas sans doute le
« succès des Prussiens, mais elle ne veut
« pas non plus que la victoire qui couron-
« nera les immenses efforts que fait la
« France tourne au profit de la dynastie
« napoléonienne, qu'elle veut évidemment
« renverser.

« La majorité est dynastique et elle re-

« pousse toutes les propositions de la
« gauche.

« Ce qui augmente beaucoup l'âpreté
« des opinions contraires, c'est qu'on sait
« que.............., comme membres du
« conseil privé et du conseil de régence,
« assistent au conseil des ministres, pré-
« sidé par l'Impératrice....... Or, si on
« a confiance entière dans Palikao, Ba-
« zaine, Mac-Mahon, on est fort irrité (et
« ici la gauche n'est pas seule) de voir au
« conseil des ministres les personnages
« qui ont si longtemps soutenu le gouver-
« nement personnel dont nous payons si
« chèrement les fautes.

« Le Gouvernement avait essayé *un ex-*
« *pédient* qui n'a pu aboutir... Il avait
« adjoint au conseil de défense trois dé-
« putés, Thiers, Talhouët et un autre, plus
« deux sénateurs, Mellinet et Béhic. — La
« commission du Corps législatif a re-
« poussé l'expédient... Ce qu'elle voulait,
« c'est que les députés (9 ou 3) à adjoindre
« au comité de défense fussent *élus par*
« *la Chambre*, NON PAS choisis par le
« pouvoir.

« Après tout, cela était assez raison-
« nable... Quand un gouvernement a com-
« mis d'aussi lourdes fautes, quand il a
« mis la patrie à deux doigts de sa perte,
« les représentants de la nation ont bien
« le droit de dire : « Nous n'avons pas

« confiance; nous voulons voir par nous-
« mêmes.....

« Je suis persuadé que sans l'influence
« fatale des ...., le ministère eût
« accepté la transaction.

« Ces questions de personnes dans un
« moment comme celui-ci sont vraiment
« déplorables, et je remercie Dieu de voir
« mon cœur uniquement préoccupé de la
« nécessité de chasser l'étranger, dût ma
« vie en être le prix... »

Vendredi, 26 août 1870.

« ....La fameuse dame d'honneur cor-
« respondant avec les Prussiens serait la
« duchesse....., bavaroise de naissance !
« Il ne manquait que cela pour dégoûter
« à jamais de ces grandes dames qui de-
« puis quinze ans nous ont tant écœurés.

« Tu verras dans les journaux qu'on se
« décide enfin à faire la chasse aux
« 20,000 scélérats que Bismark avait en-
« rôlés à Paris................

« Pour moi, je suis plein d'espoir, —
« bien décidé à combattre, jusqu'au der-
« nier souffle, les Prussiens du dehors et
« du dedans. »

« Paris, 29 août 1870, 5 heures matin.

« ... S'emparer de Paris, du cœur et

« de la tête de la France par un coup de
« surprise, par une marche en avant fou-
« droyante, sans nous laisser le temps de
« réparer l'incroyable incurie de notre
« triste gouvernement, c'était évidemment
« leur plan de campagne, le seul possi-
« ble même......»

« Paris, jeudi 15 septembre 1870.

« ... Nous voici donc très-réellement
« assiégés, et tu ne saurais croire avec
« quel calme, quelle sérénité, je consi-
« dère les éventualités d'une telle situa-
« tion. En ceci, d'ailleurs, mes impres-
« sions sont celles de l'immense majorité
« des habitants de Paris.

« J'ai la ferme espérance que Paris de-
« viendra le tombeau de ses insolents en-
« nemis ; mais Dieu en eût-il décidé au-
« trement, dussions-nous succomber, *il*
« *faut qu'une résistance héroïque lave les*
« *hontes de la capitulation de Sedan*;
« il faut que la France, comme Fran-
« çois Ier, ait le droit de dire avec une
« légitime fierté : Tout est perdu, fors
« l'honneur !.....

Paris, jeudi 6 octobre, 18ᵉ jour de l'investissement.

« ... Combien surtout nos maux parti-
« culiers semblent légers, quand on les

« compare au désastre sans exemple dans
« l'histoire qui frappe notre infortunée
« patrie !

« ... Ainsi que je l'ai dit bien souvent
« déjà, l'attitude de la population de
« Paris est admirable de calme et de ré-
« solution ; seulement elle commence à
« s'impatienter de la tactique de l'ennemi,
« qui, au lieu des attaques de vive force
« auxquelles nous nous attendions, se
« borne à établir autour de Paris à 2, 3
« et 4 lieues, une série de retranchements
« qui interceptent toute communication
« avec le dehors ; il semble que, désespé-
« rant de triompher de nos formidables
« défenses, il veuille nous réduire par la
« famine ; mais en ce cas il faudra qu'il
« s'arme de patience ; car nous pouvons
« tenir encore quatre mois ; et il faut es-
« pérer que d'ici là la province fera quel-
« que suprême effort pour nous dégager.
« Quel que soit au surplus le résultat ma-
« tériel de nos efforts, l'*important est de
« venger l'honneur national des hontes
« de Sedan :* l'honneur sauf, tout peut se
« réparer avec le temps.

« ... T'ai-je dit que depuis un mois
« nous ne quittons pas l'uniforme ? Il
« faut me voir avec une tunique, un képi
« et mon sabre le long de la cuisse, faisant
« pendant à mon revolver : — il y aurait
« de quoi rire, s'il n'y avait pas tant de

4,

« raisons de pleurer sur les ruines de la
« patrie !..... »

Jeudi 27 octobre 1870, 39ᵉ jour d'investissement.

« ..... Avec ces explications, tu rétabli-
« ras aisément l'ordre dans ma corres-
« pondance, en supposant quelle en vaille
« la peine, ce dont je douterais fort si
« je ne savais que dans la situation si
« extraordinaire où nous sommes con-
« damnés à vivre, le moindre mot acquiert
« un prix inestimable par cela seul qu'il
« nous apporte des nouveles de ceux que
« nous aimons.

« Et qui peut le savoir mieux que moi,
« mon amie, moi qui, depuis quarante
« et un jours n'ai reçu de toi qu'une seu-
« le lettre, celle du 28 septembre, arri-
« vée le 5 octobre à Paris? Que ne donne-
« rais-je pas pour avoir un mot, un seul,
« me donnant la certitude que ma chère
« couvée *se porte bien*.

« Bien que tes dernières lettres des 15,
« 16 et 17 septembre contiennent sur vo-
« tre installation rue du Marché 18, des
« détails rassurants, je ne puis m'empê-
« cher de craindre pour mon cher tré-
« sor.

« Cette privation absolue de nouvelles
« est incomparablement pour moi la plus
« amère de toutes celles que m'impose la

« situation inouïe à laquelle nous a con-
« damnés le gouvernement déchu. »

Après une lettre d'affaires, M. Bonjean
ajoutait en *post scriptum* :

« .... Voilà, ma bonne amie, une lettre
« terriblement *pot-au-feu ;* mais c'est le
« pot-au-feu qui fait vivre, et sa bonne
« direction nous assure, en outre, l'*indé-*
« *pendance* et la *dignité.*

« Paris, jeudi 20 octobre 70.
« 32e jour d'investissement.

« Le succès final n'est pas douteux ; mais
« il faut savoir nous armer de patience...
« Sans doute, en se prolongeant, notre sé-
« paration devient bien douloureuse, nul
« ne le sent plus que moi ; mais je me ré-
« signe en songeant *à l'immensité du ré-*
« *sultat.* « *Les mœurs réformées, la race*
« *impure des petits crevés et des cocottes*
« *disparue, une multitude d'abus suppri-*
« *més, avec la monarchie dont ils sont*
« *l'accompagnement nécessaire ;* la France
« enfin plus grande, plus forte, plus
« honorée qu'elle ne le fut jamais : — ne
« voilà-t-il pas d'assez bons motifs pour
« supporter avec une virile résolution et
« les douleurs de la séparation et les per-

« tes de fortune qui suivront nécessaire-
« ment cette invasion dévastatrice ? »

« ... En attendant sachons souffrir
« avec constance, puisque c'est pour l'in-
« dépendance et l'honneur de notre pays
« que nous souffrons... »

« Samedi 5 et dimanche 6 novembre 1870,
« 48ᵉ et 49ᵉ jour d'investissement.

« ... Il ne nous reste plus qu'à combattre
« à outrance pour l'indépendance et plus
« encore pour l'honneur de notre pays. Si
« l'égoïste province nous abandonne, Paris,
« suivant les nobles exemples de Stras-
« bourg et de Châteaudun, suffira *seul*,
« non sans doute pour chasser l'envahis-
« seur, tout au moins pour tenir haut l'hon-
« neur du nom français et mériter l'estime
« des hommes de cœur de tous les pays.

« Il est probable que d'ici à quelques
« jours le siége, le siége sérieux va com-
« mencer... Tant mieux ! tant mieux ! car
« cette longue attente finissait par énerver
« cette population si courageuse, mais si
« impatiente ; et d'ailleurs nos provisions,
« abondantes encore, ne pourraient durer
« toujours. Il faut en finir, c'est le mot
« qu'on entend sortir de toutes les bou-
« ches ; mais dans aucune, je t'assure, elle
« ne veut dire *en finir par une lâcheté.* »

« Paris, ce vendredi 27 janvier 1871. — 131e jour.

« Toute lutte a cessé, cette nuit, à par-
« tir de minuit. — Un armistice vient
« d'être conclu, signé peut-être entre
« MM. de Bismark et J. Favre. — Les con-
« ditions sont encore inconnues ; mais
« elles impliquent nécessairement la red-
« dition de Paris, s'il est vrai, comme
« cela ne semble que trop certain, que
« nos forts vont être livrés à l'armée
« prussienne. — Nous nous rendons donc
« à merci, quand nous avons 300,000
« hommes armés, 2,000 pièces de canon
« de siége et 5 à 800 pièces de campagne
« du meilleur modèle, fabriquées à Paris
« depuis quatre mois par des prodiges
« d'activité et de dévouement. Oui, il n'est
« que trop vrai, nous nous rendons à
« merci ! — Que pourrait faire Paris sous
« le feu de nos forts?... C'est la honte au
« front et la rage au cœur que je t'écris
« ces lignes à la hâte, regrettant de n'être
« point mort avant de subir une telle
« honte.

« . . . .

« Cette misérable fin d'un siége où la
« population de Paris a montré tant de
« courage et d'abnégation, n'est due qu'à
« la criminelle incurie des incapables qui
« ont pris en mains la direction de nos

« affaires... Ils nous livrent à la merci
« du vainqueur !

« ....

   « Je viens de voir des gens qui préten-
« dent que notre honneur est sauf... ils
« ne sont pas difficiles...... »

UN ARTICLE DU *TIMES*

6 mai 1871.

A la maison je trouvai ce billet :

Mazas, samedi 6 mai 1871, 6 h. matin.

   « Mon cher enfant, le *Temps* d'hier soir
« reproduit à la deuxième page, sous le
« titre d' *Otages de la Commune*, un ar-
« ticle du journal anglais le *Times*, où se
« trouve le récit de la visite qui nous fût
« faite, le 29 avril, par M. O'Connell et le
« correspondant du célèbre journal an-
« glais.

   « Cet article, plein de raison et de bien-

« veillance, me paraît de nature à pro-
« duire un certain effet sur les gens, soit
« de Versailles, soit de Paris, que la pas-
« sion n'a pas encore complétement rendus
« sourds et aveugles ; il me paraît en ou-
« tre très-propre à être pour ma sainte,
« noble et malheureuse compagne, une
« source d'abondantes consolations. »

Le correspondant spécial du *Times* avait
écrit à ce journal ce qui suit :

Paris, samedi soir, 29 avril.

« On a publié des rapports tellement
défavorables sur le traitement que les prisonniers politiques — les otages — de la
Commune ont à subir de la part de ses
agents, qui les assimileraient en tout aux
malfaiteurs, que j'ai été heureux de saisir
l'occasion de juger les faits par moi-même,
en acceptant l'offre obligeante de M. O'Connell, de l'ambulance américaine, de m'ac-
compagner dans ma visite à la prison. Les
autorités communales s'empressèrent de
me donner le laissez-passer nécessaire, déclarant voir avec plaisir qu'un journaliste
étranger, qui ne saurait être suspect de
partialité, se charge de dire la vérité au
public.

Nous reçûmes donc l'autorisation de voir
tel prisonnier qui nous plairait, et le direc-

teur de Mazas fut requis de donner toute facilité à notre enquête. Je dois ajouter que notre visite était inattendue, car nous ignorions nous-mêmes, une heure aupavant, que nous la ferions. Elle surprit évidemment le directeur de la prison, les visites aux prisonniers de Mazas étant très-rares, néanmoins, il ne fit aucune difficulté. Nous aurions voulu pouvoir nous rendre auprès de tous les prisonniers politiques, non-seulement pour comparer leur dires, mais encore pour leur demander si nous pouvions leur rendre quelque service. Mais le temps pressant, nous n'avons pu qu'en voir quatre : l'archevêque de Paris, Mgr Darboy; M. Bonjean, président à la cour de cassation ; M. Deguerry, curé de la Madeleine ; et l'ex-aumônier de la Roquette.

Je puis dire de suite que, relativement au point principal de notre enquête, le traitement des prisonniers, leurs réponses — ou leurs dépositions — ont été presque identiques. A certains égards, j'ai le regret d'avoir à le constater, aucune distinction n'est faite entre eux et le malfaiteur de droit commun, c'est-à-dire entre l'archevêque de Paris ou le premier magistrat de France et le voleur qui s'est emparé d'une montre, ou le drôle qui, sous l'influence de l'ivresse, a tué un camarade. Ils ont, les uns et les autres, la même cellule étroite, le même lit, le même mobilier, — une chaise et une petite table, — et, ce qui est peut-être le plus pénible, ils sont soumis à la même surveillance incessante. Les gardiens les observent à toute heure de jour et de nuit : pendant le jour par les judas des portes, et la nuit les portes des cellules doivent rester ouvertes, et le gaz allumé pour que les gardiens, qui se promènent dans les corridors, puissent s'assurer par un coup d'œil de la présence des prisonniers.

J'étais aussi choqué que surpris de cette manière de traiter les prisonniers politiques. On a déclaré expressément que ces prisonniers sont de simples otages ; le seul point important, en ce qui les concerne, est donc qu'ils ne puissent pas s'enfuir. Il y a peut-être dans le parti de la Commnne un certain nombre de fanatiques à esprit étroit, des hommes qui sont « furieusement bigots contre la bigoterie », et pour lesquels le seul fait d'être prêtre, et, *à fortiori* d'être archevêque, est un crime que l'emprisonnement dans une cellule de malfaiteurs punit avec plus de modération.

Lorsqu'on arrêta le curé de la Madeleine, on ne trouva pour l'accuser que ce fait, qu'il avait, en sa qualité de prêtre, présidé à la première communion du prince impérial et confessé l'impératrice ; pourtant, les hommes qui l'arrêtèrent le traitèrent, du

moins en paroles, avec une brutalité révoltante. Ils ne se contentèrent pas d'ou-
trager grossièrement ses sentiments religieux, ils se complurent à faire croire à ce
vénérable vieillard que sa vie était en danger immédiat. « Nous allons bientôt vous
procurer votre paradis, » dit l'un. « S'il
faut quelqu'un, dit un autre (un capitaine
de la garde nationale) pour exécuter ce
criminel, on n'a qu'à m'appeler ; je les
descendrai volontiers tous. »

Il est probable que des hommes qui tiennent ce langage seraient prêts à réaliser
leurs menaces, et que s'ils étaient les
maîtres, l'archevêque de Paris et tout prêtre dont ils s'empareraient pourraient se
considérer comme très-heureux d'en être
quittes pour avoir été emprisonnés dans la
cellule d'un malfaiteur. Mais, en fait, sauf
cet emprisonnement, on ne considère pas
les otages comme des criminels ; on ne les
garde qu'à titre de protection pour les com-
munalistes qui tombent entre les mains
des Versaillais, et l'on a sensiblement adouci le régime en leur faveur.

Je ne suis aucunement disposé à justifier la détention des prisonniers de Mazas ;
mais si l'on admet la théorie des otages,
on peut dire, avec une certaine apparence
de justice, que la Commune a été amenée
à prendre des otages par suite de quelques actes de folle cruauté commis par tel

officier de l'armée de Versailles. Il n'est pas impossible d'ailleurs que l'emprisonnement, opéré avec ostentation, de personnages comme l'archevêque de Paris et le président de la cour de cassation, a empêché l'effusion du sang à Versailles et a calmé la fureur vindicative de certains chefs de l'armée. Car enfin, lorsque le marquis de Galliffet encourage ses soldats à abattre comme des chiens enragés des concitoyens qui, quelque erronées et subversives que soient leurs opinions, croient sincèrement à la bonté de la cause pour laquelle ils bravent la mort, on comprend que les chefs du parti opposé se soient saisis d'otages et menacent d'user de représailles pour sauver la vie des leurs.

Du reste, je ne crois pas que les prisonniers politiques courent le moindre danger si M. Thiers réussit à faire prédominer jusqu'au bout sa politique de clémence et de conciliation. Mais si l'on peut excuser, dans une certaine mesure, la Commune d'avoir pris des otages, on doit déclarer qu'il est insensé (*foolisch*) et inutilement cruel (*wantomly* cruel) de soumettre les prisonniers à des privations de confort ou de liberté qui ne seraient pas absolument nécessaires à leur bonne garde, et je ne suis pas sans espoir que la protestation isolée d'un étranger impartial suffira pour faire améliorer leur situation.

Le cas de M. Bonjean m'a semblé le plus dur de tous. Il n'est pas coupable d'être prêtre. Il est très-âgé. C'est surtout comme magistrat et non comme homme politique qu'il s'est fait connaître, et les actes politiques qu'on sait de lui ne peuvent que lui faire grandement honneur. Il avait, en effet, le mérite d'être le seul membre libéral d'une assemblée aussi bigote et servile que le Sénat. Un homme qui reste libéral dans une pareille atmosphère est digne d'être respecté, même par des républicains rouges. Malgré son âge, il resta à son poste pendant le siége, et même pendant la période, plus périlleuse encore, de la lutte entre M. Thiers et le Comité central. Il semble n'avoir été arrêté que par une sorte d'accident. Une lettre de lui arriva chez le procureur général au moment où la police prit possession du parquet. « C'est très-aimable de la part de M. Bonjean, fit remarquer l'agent communal, de nous donner son adresse et de nous dire quand il sera chez lui. »

Il y a un mois que M. Bonjean est prisonnier à Mazas, enfermé dans une cellule de quinze pieds sur six, et haute de douze, dont le précédent habitant a peut-être été un voleur. M. Bonjean ne semble cependant pas trop se préoccuper de son emprisonnement. Il déclare, en souriant, qu'il a été prisonnier pendant toute sa vie, s'é-

tant condamné lui-même, depuis une qua-
rantaine d'années, à près de dix-huit heures de travail par jour, et qu'il pouvait tout
aussi bien travailler dans une cellule de
prison que dans un palais.

Nous sommes heureux de pouvoir ras-
surer les amis de M. Bonjean sur l'état de
sa santé, et même de sa bonne humeur. Il
supporte sa situation avec un stoïcisme
merveilleux et une grande tranquilité d'esprit. On peut en dire autant des autres
prisonniers. Nous avons été frappés de leur
force d'âme, bien que mon compagnon et
moi nous eussions eu l'occasion de constater le courage déployé souvent par les au-
môniers français en exerçant leur ministère sur le champ de bataille. L'archevêque causait presque aussi gaiement dans
sa triste cellule qu'il aurait pu le faire
dans son palais, et il discutait les chances
qu'il avait à perdre la vie avec une voix
aussi calme que s'il s'agissait d'une police
d'assurance.

Il est inutile de dire que la conduite
courageuse des prisonniers ne tend nullement à diminuer l'indignation qu'on res-
sent du traitement inintelligent et cruel
qui leur est appliqué, en les enfermant
dans des cellules. Je ne me suis pas gêné
de dire mon opinion sur ce point. Il n'est
cependant que juste d'ajouter qu'on a pris
des mesures pour adoucir leur emprison-

nement. Les prisonniers n'ont d'ailleurs, qu'à se louer de la considération personnelle avec laquelle ils sont traités par les fonctionnaires de la prison. Ils peuvent se procurer les aliments qu'ils désirent, et il est faux qu'on les ait forcés à mettre le costume des prisonniers. On leur avait déjà accordé des livres, ils pourront, à l'avenir aussi, lire les journaux. On fait aussi un peu moins de difficulté à leurs amis de leur accorder des permis. Tout d'abord ils avaient été tenus dans le plus strict secret. Toutefois, on ne leur permet pas encore de recevoir, ni d'écrire des lettres, mais il y a quelque espoir que ce point aussi sera également accordé.

Mais quelle raison peut-on avoir pour maintenir les prisonniers dans une prison destinée aux malfaiteurs, au lieu de les placer en lieu sûr, mais de manière à jouir du confort, nous ne voulons pas dire par leur position sociale, mais auquel ils ont droit comme hommes qui ne sont inculpés d'aucun crime ni délit ?

PROJET DE MISE EN LIBERTÉ
PROVISOIRE

Dimanche 7 mai 1871

.... Ce matin, je n'ai rien eu de plus pressé que d'aller lire l'article du *Times* à M. J. Miot. Il observa qu'on avait omis de signaler que c'était à la suite de sa visite que le sort des otages avait été adouci.

Je lui lus aussi des extraits de la *Correspondance*, et il en parut frappé.

Je lui exposai notre intention d'en faire usage au jour de l'audience publique, et je le priai de faire en sorte, s'il en avait le pouvoir, que M. Bonjean fût jugé le plus vite possible.

M. Miot me raconta ses nouvelles tentatives pour obtenir la mise en liberté *sur parole* et l'altercation violente qu'il avait eue au sujet de M. Bonjean avec l'un des plus jeunes membres de la Commune, qu'il ne nomma point.

Il espère toujours arriver au comité de salut public et ce jour-là faire entrer la Commune dans une voie sage et politique.

Comme il me développe ses idées avec franchise sur ce sujet, je l'interromps brusquement.

— Vous ne connaissez pas même mon nom ! Je lui dis qui je suis, — Mon père est bien loin de partager vos opinions politiques.

— Que m'importe ? me répond M. Miot, toute conviction sérieuse est respectable. Il y a des honnêtes gens dans tous les partis, — ce ne sont jamais ceux-là que je persécuterai. — L'autre jour, quand je demandais la tête des traîtres, je ne faisais allusion qu'à ceux qui trahissent notre cause pour de l'or en prétendant la servir. Pour ceux-là, je serai inflexible. Vous avez vu que dernièrement nous avons sacrifié un de nos membres impurs... Il y en a bien encore trois ou quatre douteux, mais nous ne pouvons les écarter qu'avec des preuves en mains.

Je fais partie de la commission d'enquête et je serai impitoyable toutes les fois que j'aurai la preuve de l'immoralité d'un membre de la Commune, quelle que soit son influence. Ces preuves, nous ne les tenons pas encore toutes, mais nous nous occupons de les rechercher.

J'expliquai à M. Miot que sans partager les opinions de mon père d'une manière complète, je n'en retenais pas moins son patriotisme et son attachement aux principes. Je lui déclarai que si j'avais été encore soldat, j'aurais servi contre la Commune, parce que c'eût été mon devoir, mais que, citoyen, je ne prendrais aucune part dans cette horrible guerre civile, ni par force, ni autrement.

Contre mon attente, il me loua, me disant que de cette manière étant en dehors des passions extrêmes je pourrais être plus utile à mes amis.

Il me promit qu'il m'informerait immédiatement, s'il pouvait obtenir la mise en liberté, pour quarante-huit heures, de M. Bonjean, et me reconduisit à sa porte avec la plus parfaite courtoisie.

P. S. — M. Bonjean espère toujours beaucoup cette mise en liberté.

Voici un extrait d'une de ses lettres de commission à son domestique Ecochard :

« ..... 2° Demandez à *Claude la route*
« qu'il a suivie pour venir *d'Orgeville à*
« *Paris* et celle qu'il compte suivre pour
« s'en retourner.

« Comme, très-probablement, le chemin de fer de Cherbourg ne fonctionne
« que jusqu'à *Conflans*, *Poissy* ou *Man-*
« *tes*, il est probable qu'il faut avoir re-
« cours à *la ligne du Nord*, pour sortir
« de Paris.

« Prenez note exactement de tous les
« détails de ce voyage.

« 1° Les noms des stations, soit du che -

« min du Nord, soit de celui de Cher-
« bourg ;

« 2° Les heures de départ.

« 3° Le temps qu'exige le trajet de Pa-
« ris à Boisset-Pacy. Ces renseignements
« me seront précieux, si, comme j'en ai
« quelque espoir, on obtient pour moi, la
« permission d'aller embrasser, *peut-être*
« *pour la dernière fois*, ma malheureuse
« femme mourante. »

MGR DARBOY ET M. DEGUERRY

Lundi 8 mai 1871.

De 2 heures à 3, j'ai eu une longue conversation avec M. Bonjean sur sa défense à
présenter. Le jury d'accusation serait cons-
titué depuis ce matin. Je n'y crois pas,
par tout ce que je vois ; mais pour M. Bonjean, c'est bien différent, et comme il est
livré *aux rêves de l'homme seul*, il faut
bien, dit-il, qu'il occupe ses vingt-quatre
heures.

Depuis deux jours, et grâce à M. Miot,

il a eu l'immense consolation de pouvoir
se promener avec ses compagnons de captivité, pendant une demi-heure. Il a vu
ainsi tour à tour Mgr Darboy et M. Deguerry.

Monseigneur lui a inspiré une vive sympathie. C'est un gallican éclairé, aux idées
larges et élevées. M. Bonjean se trouve en
accord parfait avec lui sur les affaires de
Rome et sur la manière de comprendre le
rôle du clergé tel qu'il devrait être. Comme
lui, monseigneur se préoccupe de l'union
de l'Eglise avec la société moderne et la
désire ardemment. Comme lui, il envisage
avec sang-froid la crise actuelle et ne se
fait aucune illusion sur le sort qui leur est
réservé. Il y est soumis d'avance avec une
résignation toute chrétienne.

M. Deguerry, le curé de la Madeleine,
est un vénérable vieillard. Il a été un peu
éprouvé par la rude détention qu'il subit
et dont il souffre d'autant plus qu'il a toujours vécu entouré des chaleureuses sym-
pathies du monde parisien. Dès le début
de son arrestation il a été traité d'une manière révoltante et il a raconté à M. Bonjean tous ces détails pénibles, en ne pouvant dissimuler la profonde douleur qu'en
ressentait sa nature si affectueuse et si
bienveillante.

L'archevêque est très-affecté de la conduite de son grand vicaire.

M. Bonjean a parlé à ses deux compagnons de captivité du jury d'accusation,
auquel ils ne pensaient pas, et de notre
plan de campagne. Il leur a offert de présenter lui-même leur défense devant le
tribunal révolutionnaire, et ils ont accepté
avec beaucoup de satisfaction et de reconnaissance son entremise. C'est une affaire
entendue.

Notre cher président est tellement occu-
pé de toute cette affaire que, craignant un
retard dans ma visite, il m'avait déjà écrit:

8 mai 1871.

« Mon cher enfant, je vous remets ci-
« joint un projet de conclusions préjudi-
« cielles à proposer au jury, dans l'inté-
« rêt des otages traduits devant lui, mais
« qui ne sont pas destinées à être déve-
« loppées : c'est pour l'*honneur des prin-
« cipes* seulement ; car il est sans exemple,
« en temps de révolution surtout, qu'un
« tribunal extraordinaire ait jamais recon-
« nu son incompétence.

« Présentez-vous, de ma part, chez M.
« Frignet, à qui je viens d'annoncer votre
« visite (rue Saint-Florentin, n° 4).

« M. Frignet, mon successeur comme
« avocat à la Cour de cassation, et mon
« ami, est peut-être le seul homme de
« France qui connaisse parfaitement la

« législation des Etats-Unis d'Amérique,
« où il a su conquérir une fort brillante
« position par sa rare intelligence.

« Vous examinerez avec lui les conclu-
« sions ci-jointes, surtout au point de vue
« de ce que j'y dis du pouvoir législatif
« *restreint* de chacun des Etats de l'Union
« américaine.

« Vous savez que les jurys d'accusation
« sont formés depuis samedi (voir l'*Officiel*
« d'hier dimanche), nous pouvons être ci-
« tés d'un moment à l'autre, il n'y a donc
« pas de temps à perdre.

« Dès que j'aurai la certitude que cette
« lettre vous est parvenue, je vous enver-
« rai mes réflexions sur les deux décrets
« des 4 et 22 avril (*Officiel* des 6, 23 et
« 25.)

« Votre affectionné,

« BONJEAN. »

J'ai vu M. Frignet dans la soirée.
Pendant les quarante-huit heures qu'il
vient de passer à Paris, il a cherché à étu-
dier tout ce monde incompréhensible. Il
l'a vu de très-près, grâce à sa nationalité
américaine; mais malgré quelques connaissances, il n'a pu obtenir d'arriver jusqu'à
son ami.

— Tous ces gens, me dit-il, sont des
fous qui ne sont pas sanguinaires ni cruels.
En ce moment je crois que ces fantoches

ne songent qu'à sauver leur tête et ils trai-
teraient pour la déportation. Leur plan,
lorsque l'armée entrera, doit être d'entourer Mazas et d'essayer une démonstration,
menaçant de septembriser les otages, mais
ils n'en feront rien. Tout ce qu'ils veulent,
c'est sauver leurs têtes.

M. Frignet retourne ce soir en Amérique parfaitement tranquille sur le sort de
son ami...

Mardi 9 mai 1871.

... J'ai rendu visite à M. Miot dans la
matinée pour le prier d'aller à Mazas et
nous avons parlé un peu de la situation.

Pour lui, le succès de la Commune est
assuré, et ce sera, dit-il, un triomphe moral. Il se flatte d'avoir maintenu dans l'intérieur de Paris l'ordre le plus parfait et
d'avoir empêché qu'on entre dans la voie
des *violences réelles*. Cela est vrai jusqu'à
présent, sauf pour les otages.

Si Versailles, ajoute-t-il, avait pu nous
assiéger pendant deux ou trois mois encore, il aurait peut-être été vainqueur,
mais les circonstances l'obligent à faire un
coup de force et il ne peut prendre Paris en
huit jours. — Après les fortifications, les
barricades du Point-du-Jour, — après les
barricades, l'Arc-de-Triomphe, — puis, la

rue de Rivoli, — nous ferons ceci et cela, — avec 35,000 hommes à Montmartre nous les prendrons à revers. Dans huit jours nous serons victorieux... alors, amnistie générale. Entrée dans la voie pacifique et du progrès. Appel aux républicains modérés.

Tout cela est débité posément, doucement, par ce beau vieillard, d'un ton calme et ferme et on se demande si l'on ne rêve pas. Les illusions sont encore trop tenaces pour expérer une concilation sérieuse.

UNE LETTRE DE M. BONJEAN

Note rétrospective. — Dans la soirée, M. Bonjean, à qui j'avais fait passer, la veille, la brochure « Les Impôts après la guerre » que M. Victor Bonnet m'avait prié de lui remettre, lui adressait la lettre suivante :

A M. Victor Bonnet, quai Voltaire, n° 5.

« Mazas, le mardi soir, 9 mai...

« Monsieur,

« Je m'empresse de vous remercier de
« la bonne pensée que vous avez eue de
« m'envoyer un exemplaire du beau travail
« que vous venez de publier dans la *Revue*
« *des Deux Mondes*; c'est une nouvelle
« dette de reconnaissance ajoutée à celle
« que déjà j'ai contractée envers vous,
« pour l'obligeance avec laquelle vous vou-
« lez bien vous charger de faire remettre
« à la poste, *hors barrière*, les lettres par
« lesquelles je tâche de soutenir le courage
« de ma sainte et malheureuse femme.

« Bien que je n'aie pu prendre encore
« qu'une lecture trop rapide de votre ex-
« cellent travail, je suis heureux et fier de
« pouvoir vous dire que vos doctrines sur
« le danger des emprunts d'Etat à « rente
« perpétuelle, » sur la légitimité, la néces-
« sité, l'innocuité des « taxes de consom-
« mation » furent toujours soutenues par
« moi, soit au conseil d'Etat, soit au con-
« seil municipal de Paris. Dans l'un et
« l'autre corps je ne cessai jamais non plus
« de lutter contre les « tendances dépen-
« sières » du gouvernement impérial, qui,

« non content de gaspiller les ressources
« de l'Etat en dépenses de luxe qui pou-
« vaient certainement attendre, poussait
« dans la même voie les « départements »
« et les « communes » dont les adminis-
« trations « éphémères » n'y sont déjà que
« trop disposées, lorsque, au moyen d'em-
« prunt « à long terme, » elles peuvent
« recueillir la popularité qui s'attache
« presque toujours aux travaux publics,
« en rejetant sur leurs successeurs » l'im-
« popularité des surtaxes qu'il faudra bien
« établir pour solder la carte à payer.

« Quant aux « économies » à faire, el-
« les sont indispensables. Je crois qu'avec
« une suffisante fermeté, on peut en réa-
« liser d'énormes... Rappelez-vous qu'en
« 1829 le budget des dépenses n'atteignait
« pas un milliard. »

« Je me rappelle notamment que, lors-
« que M. Haussmann nous proposa, pour
« la première fois, un emprunt à cin-
« quante ans, pour je ne sais quels embel-
« lissements, je lui disais : « Un em-
« prunt, amortissable en cinquante ans,
« représente *deux capitaux et demi pour*
« *un;* ainsi, pour faire cadeau aux Pari-
« siens d'améliorations dont ils pour-
« raient, à la rigueur, se passer pendant
« longtemps encore, et qui vont coûter
« 100 millions, vous devrez prélever sur
« eux 250 millions. Eh bien ! je trouve

5.

« que cela est infiniment trop cher : c'est
« aussi insensé que si je grevais ma ferme
« d'un emprunt de 5 0/0 pour faire *dorer*
« *mon salon.*

« Il fut alors bien évident que j'étais
« un *esprit étroit*, n'entendant rien à la
« *grande administration.* Aussi quand,
« au mois d'août 1855, il y eût à renou-
« veler la commission municipale, j'en fus
« exclu avec une dizaine d'autres qui
« avaient le tort de voter souvent avec
« moi.

« Ah ! Monsieur , les finances de l'Etat
« étaient dans une situation assez inquié-
« tante, même avant les désastres inouïs
« qui nous accablent depuis un an, et le
« tableau que vous en avez tracé est bien
« sombre ; mais combien ne le serait-il
« pas davantage, si à la dette écrasante
« qui va peser sur nous du chef de l'Etat,
« vous ajoutiez le double fardeau de la
« dette « départementale » et commu-
« nale, » dont on ne tient pas assez de
« compte! En 1815, en 1830, en 1848, ces
« dettes locales étaient presque nulles ; et
« ce fut un grand bonheur ; aujourd'hui
« elles présentent une dette énorme que
« personne n'est encore parvenu à con-
« naître « exactement, » mais dont l'inté-
« rêt se paye en définitive en puisant aux
« mêmes sources que pour celui de la dette
« publique.

« Quand je sortirai d'ici, si j'en sors vi-
« vant, j'aurai grand plaisir à causer avec
« vous de ces diverses questions ; mais pour
« aujourd'hui, il ne me reste qu'à m'excu-
« ser de répondre ainsi, au « courant de
« la plume, » sur un sujet traité par vous
« avec tant de méthode et d'élévation. Je
« compte sur votre indulgence envers un
« pauvre captif et vous prie d'agréer, avec
« la nouvelle expression de mes remercî-
« ments, celle de ma très-haute considé-
« ration.

« BONJEAN. »

PROPOSITIONS D'ÉVASION

10 mai 1871

Ce soir j'ai eu la visite de l'employé C...
de Mazas, qui venait me renouveler ses
propositions au sujet de l'évasion de M. Bonjean. Il voulait établir un faux ordre de
mise en liberté, avec des cachets fabriqués
et une signature de Raoul Rigault.

Je l'avais engagé à faire une démarche
directe auprès de M. Bonjean dans sa cel-

lule, mais il avait essuyé le refus le plus formel.

— Lorsqu'on est président à la Cour de cassation et qu'on occupe un si haut rang dans la magistrature d'un pays, m'avait dit M. Bonjean, en me parlant de cette affaire, on ne sort d'une prison que par la grande porte et au grand jour.

Au reste, on lui avait fait les mêmes propositions au dépôt de la Préfecture de police, et il avait opposé le même refus.

Il accepte toutefois qu'on prenne les précautions utiles pour lui porter secours, au seul cas « de massacres dans les prisons. » Comme je crois pouvoir compter sur trois hommes, qui paraissent dévoués à la personne de M. Bonjean, C..., le greffier B... et le gardien C..., et que les trois quarts au moins des gardiens appartiennent à l'ancien personnel, je crois que nous n'avons rien à redouter pour cette éventualité, à Mazas.

Quant à présent, notre cher président est bien décidé à partager le sort des ecclésiastiques, des gendarmes et des autres otages, et, quoi qu'il advienne, il aime mieux espérer dans le jury.

11 mai 1871.

M. Bar..... m'a confirmé ce matin ce que je savais, c'est que toute l'organisation judiciaire n'est qu'illusoire et sur le papier seulement. La situation des otages est complétement subordonnée aux événements. Madame Bonjean m'écrit aujourd'hui :

« ..... Je m'inquiète aussi tout en m'en
« réjouissant de la possibilité pour mon
« mari, d'obtenir quelques heures de li-
« berté, *sur parole*, pour venir nous em-
« brasser ici !

« Dans l'état de désorganisation des ser-
« vices de voyageurs où sont tous les che-
« mins de fer, je ne puis me défendre de
« craindre que quelque retard imprévu
« dans le passage du train sur lequel mon
« mari compterait pour rentrer à Paris à
« l'heure promise, n'eût pour conséquence
« fatale de lui faire manquer bien invo-
« lontairement à sa parole !... et je lui
« connais un sentiment de l'honneur tel-
« lement exalté qu'il ne pourrait survivre
« à cette apparence de parjure !

« C'est pourquoi, malgré mon ardent
« désir de le revoir après une si longue
« et si cruelle séparation, je crois qu'il
« serait plus sage, plus prudent à lui de
« patienter jusqu'au dénouement de la
« crise actuelle que vous considérez com-
« me imminent ! »

Et plus loin elle ajoute :

«... Les espérances que vous m'exprimez

« au sujet de notre cher captif, ainsi que
« l'attente où vous semblez être de la solu-
« tion, ou plutôt du dénouement de la
« crise actuelle, sont pour moi la cause de
« bien profondes émotions !

« J'ai toujours appréhendé pour mon
« cher mari cette lutte finale où ceux qui
« sont maîtres de lui peuvent se trouver
« exaspérés par leur défaite et se porter
« peut-être à des vengeances injustes con-
« tre les innocents qui sont en leur pou-
« voir ! »

Je ne sais que répondre, mais je sens
qu'il n'y a rien à faire, et aujourd'hui plus
que jamais j'ai pu voir que les acteurs
eux-mêmes n'avaient pas conscience de la
situation.....

EXTRAITS DE LA CORRESPONDANCE
DE M. BONJEAN

12 Mai 1871.

Cette fois, grâce à l'employé C... et à
l'obligeance des gardiens, j'ai eu le plaisir de voir M. Bonjean au parloir de faveur, à travers les larges barreaux de fer
et j'ai pu lui serrer les mains.

Il travaille toujours dans la perspective d'un jugement par le jury.

Je lui exprime mes craintes sur la non-existence de ce jury, et il ne s'explique pas bien tout ce que je lui dis de l'anarchie où nous vivons.

Il est bien difficile en effet de s'en faire une idée exacte lorsqu'on n'est pas dehors pour voir, et encore, y voit-on tout trouble, même avec quatre yeux, tant le chaos est complet.

Comme toujours M. Bonjean me parle comme si son dernier moment était proche et plus il devient grave, plus je m'efforce de paraître insouciant, même gai. J'essaie de le faire sourire avec le côté grotesque des acteurs et j'y parviens.

— Je ne veux pas, m'a-t-il dit aujourd'hui, que s'ils viennent nous massacrer dans les prisons à coups de baïonnette, ces misérables puissent s'emparer des lettres de ma sainte femme, c'est mon trésor le plus précieux, je vous le confie. Je veux vous lire moi-même ces passages que j'ai soulignés et que vous relirez encore.

Voici ce qu'elle m'écrivait le 21 mars, le jour même de mon arrestation :

« ..... L'intention où tu me dis être de
« retourner à Paris le *jour même* est pour
« moi la cause d'une *très-pénible* préoccu-
« pation, mon cher ami ; car le bruit cir-
« cule ici que l'insurrection est victorieuse

« à Paris, et que le séjour en est dange-
« reux !....

« J'espère que ces rumeurs sinistres
« sont exagérées, et pourtant elles suffisent
« pour me tourmenter beaucoup dans un
« moment où l'absence de toute émotion
« serait une condition essentielle à mon
« rétablissement. »

Et le 24 mars 1871, alors qu'elle igno-
rait encore ma détention.

« ...... Tu dois me connaître assez
« d'ailleurs pour être certaine que je lais-
« serais venir la mort sur moi plutôt que
« de t'appeler près de moi pour m'aider
« à la repousser si ce devait être aux dé-
« pens de ton devoir. Remplis-le donc
« avec usure sans te préoccuper des con-
« séquences possibles en ce qui me con-
« cerne ; seulement dès que tu pourras le
« faire sans déserter un poste d'honneur,
« viens sans plus tarder, je t'en prie !... »

Ici, l'émotion gagne l'honorable président, mais il la surmonte et continue :

Arromanches, ce dimanche 26 mars 1871.

« Que répondre à ta lettre de *vendredi*
« que je reçois ce matin, mon pauvre
« cher ami !
« Les sombres pressentiments qui m'ob-

« sèdent à ton sujet n'étaient donc pas
« chimériques !

« Mais pourquoi, sous quel prétexte, te
« priver de ta liberté, toi le plus intègre,
« le plus irréprochable, le plus dévoué des
« citoyens et des fonctionnaires ?

« Espérons que ce n'est que l'effet d'une
« méprise qui bientôt reconnue te rendra
« libre de venir enfin nous rejoindre... »

Et, voyez combien elle partageait mes
scrupules au sujet de cette mise en liberté
provisoire qu'on m'avait offerte et à laquelle il n'a pas été donné suite !

Orgeville, ce samedi 6 mai 1871.

« ... Ce que tu me dis des nouvelles
« rigueurs introduites dans la situation
« des prisonniers dont tu fais partie, me
« donne la crainte que l'espoir qu'on t'avait
« donné d'une liberté de quelques heures
« *sur parole*, pour venir nous voir ici,
« ne doive pas se réaliser ?...

« Et pourtant, je partage à un tel de-
« gré l'appréhension que quelque accident
« indépendant de ta volonté, eût pu en-
« traîner pour toi quelque infraction in-
« volontaire à la promesse donnée par toi,
« que c'est à peine si j'ose souhaiter que
« tu courres une si terrible chance ! Mais
« combien la noblesse d'un tel scrupule
« est comprise par peu de monde !

« Hier encore quelqu'un osait me dire :

« J'espère bien que si votre mari peut
« venir jusqu'ici, vous ne le laisserez pas
« repartir !

« J'en suis demeurée pétrifiée de sur-
« prise! Eh! quoi donc! on m'approuve-
« rait de t'aimer d'une tendresse assez
« lâche pour te demander le sacrifice de
« ton honneur à ta sécurité, pour vouloir
« donner le droit de te mépriser à ceux
« qui auraient eu foi en ta parole !

« Oh! mon Dieu! comment se peut-il
« qu'il existe des êtres chez qui le senti-
« ment de l'honneur et du devoir soit à
« ce point oblitéré !

Il m'avait souligné dans ces lettres de
nombreux passages, mais je te citerai encore celui-ci :

Orgeville, ce lundi 1ᵉʳ mai 1871.

« La visite bienveillante que t'ont faite
« les deux membres de la Commune que
« tu me nommes et les adoucissements
« considérables qu'ils ont de suite apportés
« à ton sort me donnent l'espoir qu'ils
« n'avaient pas conscience de l'injustice
« *qu'ils commettaient* (1) en t'infligeant
« une captivité si rude et si peu méritée. »

(1) Je remarque que M. Bonjean a ajouté
sur cette lettre ce renvoi de sa main :
« Ils y ont été parfaitement étrangers. —
Un seul homme, dont je veux oublier le nom,
l'a ordonnée et *maintenue*. »

Avant d'entrer à Mazas, Ecochard m'avait communiqué ce passage d'une lettre de son maître :

« Mazas, ce vendredi 12 mai, 9 h. matin.

« ... On a dû vous avertir, hier, que « par suite d'un nouveau règlement, le « service des commissionnaires cesserait à « partir d'aujourd'hui à trois heures au « lieu de six heures et demie.
« Il faut donc renoncer à *manger rien* « *de chaud* : c'est un petit malheur auquel je ne serai guère sensible.
« Arrangez-vous donc pour arriver à « Mazas à deux heures et demie *au plus* « *tard* : autrement il me faudrait *jeuner*. »

Je parlai de cela à M. Bonjean qui me dit qu'en effet les vieillards malades devaient beaucoup souffrir de cette nouvelle privation, mais que pour lui elle le touchait peu.

En sortant, je m'informai au greffe, et voyant que c'était une mesure générale, je me décidai à demander une exception pour M. Bonjean à ce terrible directeur Garreau, qui est si dur aux otages.

Je trouvai un solide garçon de vingt-cinq ans, à air rude, énergique. Le greffier B., qui m'accompagnait, lui exposa le but de ma visite, et il accorda l'exception en ayant soin de recommander « que les autres n'en soient pas informés. » Les autres, c'est Mgr l'archevêque, M. Deguerry, Mgr Surat, etc.....

M. Bonjean m'avait parlé surtout en faveur de ses compagnons d'infortune; mais ne pouvant avoir qu'une exception, je l'ai prise pour lui, bien qu'il dût y être peu sensible.

Nota. — Le lendemain et à la suite de cette démarche, l'ancien règlement était rétabli pour tous les otages, et ils pouvaient *manger chaud*.

M. CHAUDEY

Samedi 13 mai 1871.

...Dans sa conversation de mardi dernier, M. J. Miot, tout en me rassurant complétement sur le sort des otages et de M. Bonjean en particulier, m'avait dit :

— Il n'y en a qu'un seul pour lequel j'ai des craintes et je voudrais bien qu'on pût le faire évader, c'est Chaudey. Il y a de grandes haines contre lui à la Commune, et des menaces de mort sont prononcées chaque jour.

C..., l'employé de Mazas, avait entendu des propos analogues autour de lui. Je crus devoir alors me présenter chez Mme Chaudey que je ne connaissais pas, pour lui faire sentir doucement mes appréhensions et lui offrir mes services, puisque notre cause était la même.

Lorsque j'arrivai, elle venait de visiter son mari, comme elle le fait chaque jour, et nous parlâmes de la situation. Je vis alors qu'elle en savait bien plus long que moi sur les haines qui existent à la Commune contre son mari, et elle me parut vivement affectée par toutes les angoisses qu'elle souffre depuis qu'il est arrêté. Elle me raconta comment Pilotel, commissaire de la Commune, avait eu l'impudence de lui signer un reçu de l'argent qu'il lui avait volé dans son secrétaire. L'avant-veille encore, elle avait été reçue d'une brutale façon par Raoul Rigault, auprès de qui elle allait faire renouveler sa permission. — Le citoyen Chaudey, lui avait-il dit, n'est pas à Mazas pour délit de presse, mais pour assassinat; vous ne le verrez pas!

Un ami a pu obtenir ce qu'on lui avait refusé si cruellement, et elle accomplit chaque jour son pieux pèlerinage à Mazas, malgré une santé des plus altérées par les souffrances morales qu'elle endure.

Auprès d'elle était un gentil enfant de

quatorze ans environ, pâle et déjà sérieux
et pensif. Il regardait sa mère avec tendresse lorsqu'elle parlait, et semblait vouloir lui faire oublier sa douleur en la par-
tageant...

FERRÉ

15 mai 1871.

.... J'ai bien failli ne plus revoir M.
Bonjean. J'étais allé à la mairie de Saint-
Sulpice pour une affaire de M. Lor...., lorsqu'on m'y arrête et on veut m'incorporer
de force dans la garde nationale.

Je refuse de donner mon nom et mon
adresse, mais c'est en vain que je prétexte
que je ne suis pas de Paris. Je leur dis
alors que j'ai été volontaire aux zouaves pendant le siége et je proteste énergiquement.

A la fin, les voyant ennuyés de mon attitude, je leur ouvre une porte de sortie
en leur déclarant qu'au reste j'étais à
l'ambulance il y avait peu de temps, et que
je pourrais faire valoir ce motif d'exemp-
tion.

— C'est bien, me dit le chef, venez alors jeudi au conseil de révision.

Et il m'ouvre à son tour la porte de sortie.

Et ainsi, l'ambulance m'aura rendu double service, cette ambulance princière de madame la comtesse Duchâtel où l'on ne recevait que de simples soldats.

Jamais le souvenir de notre généreuse . et patriote bienfaitrice ne me vient sans que je lui adresse un silencieux hommage de reconnaissance et de profond respect.

Elle serait fort surprise d'apprendre que l'influence bienfaisante des soins qu'elle nous prodiguait se fait sentir si loin au delà de la convalescence.

Pour mon compte, j'en ai éprouvé si complétement les effets que je me garderai sûrement de me rendre à l'invitation du chef militaire de la Commune, bien qu'il m'ait promis, en forme d'adieu, « qu'il saurait me retrouver si je ne venais pas. »

A deux heures, j'ai vu M. Bonjean au parloir des avocats, nouvelle et grande faveur, due toujours à ce même personnel, qui est habitué à mon visage.

M. Bonjean m'a remis sa plaidoirie qui devra précéder l'exposé que je me propose de soumettre au jury.

— S'ils nous empêchent de parler, me dit-il, au moins de cette manière, nous pourrons nous faire entendre par la voie de la presse, c'est ce que je leur déclarerai en leur apprenant que ma défense est *en mains sûres*.

Il a fait dernièrement une imprudence qui n'aura pas de suite, je l'espère.

Après un long entretien avec l'archevêque au sujet des défenses à présenter, il se souvint en rentrant dans sa cellule qu'il avait oublié de traiter un point, et il écrivit aussitôt à monseigneur.

Il appelait son attention sur les récusations à faire et lui disait que par ses relations si étendues, à Paris, il lui serait peut-être plus facile qu'à lui d'obtenir quelques renseignements sur les membres du jury, afin de les mettre à même d'éliminer au moins *les plus enragés*.

La lettre portée par le gardien de service fut remise à un greffier qui nous était hostile, et envoyée à la préfecture de police ; elle n'est jamais parvenue à son destinataire. Les sévérités, du reste, ont redoublé pour les otages depuis la nomination de Ferré comme délégué à la préfecture de police. Ce Ferré est un mauvais petit drôle qui sort on ne sait d'où et dont M. Bonjean a conservé le plus détestable souvenir. La première fois qu'il le vit, il était alité dans sa cellule, avec une forte fièvre. Ferré vint s'asseoir auprès de lui.

— Citoyen président, lui dit-il, tu ne sais pas la nouvelle. Nos troupes sont à Versailles. Nous avons déjà fusillé Jules

Favre, Jules Ferry, Jules Simon... tous les Jules de la défense. C'est te dire que tu ne resteras pas longtemps ici et que tu suivras bientôt le même chemin.

— Cela m'importe peu, lui répondit M. Bonjean. C'est infâme à vous, jeune homme, de venir insulter un vieillard malade et qui ne peut vous répondre. Je mourrai avec la conscience plus tranquille que vous. Retirez-vous.

Quelque temps après, à une heure du matin, M. Bonjean est réveillé en sursaut en s'entendant appeler par le guichet de sa porte de cellule.

— Bonsoir, citoyen président, comment ça va? disait la voix d'un ton ironique.

— Qui êtes-vous?

— Un surveillant.

— J'en doute, et il reconnaît la voix de Ferré.

— Je suis un surveillant qui pourrait, s'il le voulait, te faire évader.

— Cela n'est pas au pouvoir d'un simple gardien. Mais pourquoi venir nous enlever les quelques rares moments de repos que nous pouvons prendre? Ce n'est pas une heure pour venir déranger un vieillard souffrant. Retirez-vous.

Voilà Ferré, délégué de la Commune à la préfecture de police!

M. Bonjean aurait reçu encore ces jours-ci la visite de M. Fondeville; mais celui-ci

6

est toujours aimable, empressé, poli, et le président ne s'explique pas du tout comment ni pourquoi ce monsieur, qui lui paraît fort bien, se trouve fourvoyé avec ces gens-là.

M. Fondeville est parfait pour lui et ne demande qu'à l'obliger; mais M. Bonjean s'en méfie, parce qu'on lui a dit qu'il était un grand ami de Protot.

Notre cher président reçoit aussi régulièrement la visite du docteur de Beauvais, le médecin de Mazas.

P. S. — Voici la copie de la plaidoirie de M. Bonjean, dont je garde le précieux autographe.

PLAIDOIRIE DE M. BONJEAN

---

1. — **Question générale: — Sens, portée et conséquence de la réponse: — L'accusé est coupable.**

I

Citoyens jurés, une seule question va vous être posée : *L'accusé est-il coupable*, oui ou non ?

Coupable de quoi?... De quel crime?... de quel délit?

Si vous répondez : *il est coupable*, quelle situation lui sera faite par votre réponse?

Sur ces deux points, je crois nécessaire de vous soumettre quelques courtes observations dans l'intérêt de la justice; dans le vôtre surtout; car, *pour le repos de vos consciences*, il vous importe bien plus qu'à moi de voir clairement le sens, la portée et les conséquences du verdict qu'on vous demande. — Je reprends donc, en peu de mots les deux questions.

II

Et, en premier lieu, je demande *Coupable de quoi?* Ce n'est pas dans nos Codes, dans le droit commun, que nous pouvons trouver la réponse; mais bien uniquement dans le décret du 4 avril et dans celui du 22, expliqué par la discussion qui en a précédé le vote.

Voyons d'abord celui du 4 avril; il dispose ainsi :

« Art. 1er. — Toute personne prévenue « de *complicité avec le gouvernement de* « *Versailles* sera immédiatement décrétée « d'accusation et incarcérée;

« Art. 2. — Un jury d'accusation sera

« institué dans les 24 heures pour con-
« naître des crimes qui lui sont déférés;

« Art. 4. — Tous accusés retenus par
« le verdict du jury d'accusation seront
« les *otages du peuple de Paris.* »

Ainsi, d'après ce premier et fondamen-
tal décret, votre mission est de rechercher
si le prévenu, traduit devant vous, est, ou
non, coupable de complicité avec le gouvernement de Versailles; c'est de cela et
de pas autre chose que vous avez à vous
préoccuper.

Vous êtes donc un jury *tout spécial,*
institué dans un but spécial aussi.

Le décret du 4 avril est déjà bien assez
clair par lui-même; au besoin d'ailleurs,
la discussion de celui du 22 avril lèverait
tous les doutes.

Dans la séance du 22 avril, le citoyen
Arnould fait remarquer que le projet du
citoyen Protot ne propose que deux bulle-
tins à remettre aux jurés : *Coupable...*
Non coupable; et il demande si le projet
entend supprimer le tempérament des
circonstances atténuantes. — Que répond
le citoyen Protot? — Voici ses paroles dans
l'*Officiel* du 23 :

« Ce décret que nous vous proposons
« *n'est applicable qu'aux otages;* le jury
« n'ayant à délibérer qu'au sujet de l'ac-
« cusation de *complicité avec le gouverne-*
« *ment de Versailles.* Eh bien, de deux

« choses l'une : ou l'accusé est coupable,
« ou il n'est pas coupable. Si le jury dé-
« clare qu'il n'y a pas lieu de retenir l'ac-
« cusé *comme otage*, il sera relâché ; il
« n'y a pas de milieu. — Je me résume
« en un mot : La seule question soumise
« au jury est celle-ci : Ou l'accusé est
« coupable, ou il n'est pas coupable. — Il
« est évident que, dans le cas de circon-
« stances atténuantes, l'accusé sera relâché.

   « LE PRÉSIDENT. — Il serait bon d'indi-
« quer que *le projet est pour le cas de*
« *complicité avec Versailles.*

   « LE CIT. PROTOT. — Il n'y a qu'à mettre
« que le décret voté *le sera en exécution*
« du décret du 4 avril. »

Ainsi, voilà qui est plus clair que le
jour : Le seul fait dont vous ayez à vous
enquérir, le *seul* qui puisse motiver, de
votre part, la réponse : *L'accusé est cou-*
pable, c'est uniquement, exclusivement,
la complicité avec le gouvernement de
Versailles. — Si cette complicité vous est
prouvée, vous devez déclarer l'accusé coupable, fût-il d'ailleurs le plus vertueux
des hommes. — Si, au contraire, cette
complicité ne vous est pas démontrée, vous
devez le déclarer *non coupable*, fûtsil d'ailleurs souillé de tous les autres crimes.
Ainsi le veulent les décrets que je ne juge
pas, me bornant à les expliquer en juriscon-
sulte.

Mais, chose remarquable et sans précédent, je crois, dans les lois d'aucun peuple, la *culpabilité déclarée* n'entraîne l'application immédiate d'aucune peine ; elle n'entraîne même pas le renvoi devant un *jury de jugement*, comme semblerait l'indiquer votre titre de *jury d'accusation*. Non, rien de tout cela ; le seul résultat est d'imprimer au prévenu la *qualité d'otage*.

III

Eh bien, citoyens jurés, c'est sur cette conséquence, en apparence assez peu redoutable, qu'il importe d'appeler votre sérieuse attention ; car cette apparence est trompeuse et pourrait peut-être décider quelques-uns d'entre vous à se prononcer trop facilement pour une culpabilité qui semble si peu périlleuse pour le déclaré coupable. Ils pourraient en effet se dire :
— « Au fait, la qualité d'otage ne change
« guère la situation du prévenu : incar-
« céré, hier, comme *suspect;* il le sera,
« demain, comme *otage :* qu'importe le
« *titre* quand le résultat est le même ? »

Ce serait là une erreur fatale à l'accusé, plus fatale encore au repos de vos consciences, citoyens jurés.

Et moi, je vous dis que cette déclaration *l'acsusé est coupable*, contient implicitement une *sentence de mort* ; que dis-je ?

quelque chose de bien plus terrible encore qu'une sentence de mort ; et je vais vous le faire toucher du doigt, en vous rappelant quelle sera, d'après l'art. 5 du décret du 4 avril, la condition de celui dont vous aurez fait un otage.

« Art 5. Toute exécution d'un prison-
« nier de guerre ou d'un partisan du gou-
« vernement régulier de la Commune de
« Paris, sera, *sur-le-champ*, suivie de
« l'exécution d'un *nombre triple des ota-*
« *ges* retenus en vertu de l'art. 4 et qui
« seront *tirés au sort*. »

Ah ! citoyens jurés, pour l'honneur de notre temps et de notre pays, pour l'honneur du peuple de Paris, je suis convaincu que ceux qui ont voté cet article 5 n'en avaient pas aperçu les terribles conséquences.

Et quoi ! par cela seul que le gouvernement de Versailles aura fait exécuter un individu *se disant* prisonnier de guerre ou partisan de la Commune, *sur-le-champ*, c'est-à-dire de suite, sans autre examen, trois otages seront *mis à mort*, pour un fait auquel ils auront été complétement étrangers, pour un fait qu'ils n'avaient aucun moyen d'empêcher !

IV

Ce n'est pas tout.

Comment et par qui seront vérifiés, con-

statés et le fait de l'exécution à Versailles
et les circonstances qui le caractérisent.

Qui dira si l'individu exécuté l'a été
comme prisonnier de guerre ou partisan
de la Commune, ou si, au contraire, il l'a
été pour un crime de droit commun, par
exemple pour avoir assassiné un gardien
ou un compagnon de captivité?

La rumeur publique, un article de journal suffiront-ils? — Non, évidemment. —
Mais alors, encore une fois, qui constate-
ra le fait? — Qui ordonnera la mise à mort
des trois otages.

Sera-ce le procureur de la Commune,
ou le délégué à la police, ou le délégué à
la guerre, ou le comité de salut public, ou
la Commune en corps, ou un nouveau
jury?

Les otages destinés à la mort auront-
ils le droit et les moyens de contester le
fait, de démontrer que la prétendue exécution n'a aucune réalité, ou bien que le prétendu prisonnier, le prétendu partisan de
la Commune était tout simplement un assassin comme Lacenaire ou Tropmann?

Sur toutes ces questions, si capitales cependant, le décret est muet, absolument
muet.

Comment! trois hommes, trois innocents seraient mis à mort pour un fait
qui leur est étranger, sans qu'il leur fût
permis de prouver que le fait est absolu-

lement *faux*, ou que du moins il n'est pas de ceux que le décret entend venger par de sanglantes représailles!

Non, cela est impossible : l'opinion publique, en France, dans le monde entier, n'aurait pas de termes assez sévères pour flétrir un tel oubli des règles les plus élémentaires de la justice et du sens commun!

Et cependant le décret est muet; que dis-je *muet*... Non, il parle, et c'est pour dire que l'exécution des trois otages aura lieu *sur-le-champ*, ce qui n'a pas de sens, ou veut dire : *de suite, sans examen.*

V

Ce n'est pas tout encore, citoyens jurés. — La sentence de mort qu'implique votre déclaration de culpabilité, n'est pas, je le reconnais, une condamnation à mort certaine, immédiate, à jour fixe; non, c'est une condamnation éventuelle, conditionnelle, qui, *peut-être*, ne sera jamais exécutée; mais qui aussi peut l'être, demain, dans huit jours, dans un mois, dans plusieurs....., car le décret ne fixe ni terme, ni délai.

Eh bien, sans crainte que personne ici ose me démentir, j'affirme que cette condamnation à mort éventuelle, conditionnelle, est cent fois plus redoutable que ne

6.

le serait une condamnation certaine et à jour fixe.

En pareille matière, ce qu'il y a de plus cruel, c'est l'incertitude : et cela est si vrai, qu'il a été mille fois observé que, si l'accusé ne peut dormir la veille du jugement, agité qu'il est entre la crainte et l'espérance, il est rare qu'il ne tombe pas dans un profond sommeil la nuit qui suit sa condamnation. — C'est qu'alors son sort est fixé, et qu'il est dans la nature de l'homme de se résigner à ce qui ne peut être évité.

Combien sera pire la condition de votre otage, sous cette épée de Damoclès qui peut-être ne tombera jamais, mais qui peut tomber aussi, au premier moment, sans autre forme de procédure qu'un tirage au sort pour désigner les victimes du jour ! Incessamment suspendu entre la vie et la mort, sous la double éventualité d'un fait qu'il ne dépend pas de lui d'empêcher et d'un tirage au sort, l'infortuné n'appartient, à vrai dire, ni au monde des morts, ni au monde des vivants !

Mais qui ne voit que, chaque fois que grincera dans la serrure la clef du guichetier, et cela arrivera dix fois par jour, le malheureux devra se demander, en tressaillant : — *Peut-être vient-on me chercher pour mourir !...*

...Et cette angoisse et cette torture pourra

se prolonger des semaines, des mois, un temps illimité !

Croyez-le, citoyens jurés, quelques hommes d'une trempe exceptionnelle pourront résister à ce supplice ; le plus grand nombre deviendra fou ou idiot, ou cherchera dans le suicide un terme à cet intolérable supplice.

VI

Et les familles des otages, l'épouse, les enfants, la mère, la sœur, n'y a-t-on donc pas pensé ? Les voyez-vous, haletants, aux portes des prisons, s'informer si l'époux, le père, le fils, le frère est vivant ou mort ?

Non, on ne saurait imaginer une combinaison aussi barbare ! Pour l'honneur de notre civilisation, pour l'honneur de cette population parisienne, si brave au combat, mais en même temps si humaine, j'aime à penser, ou bien que, dans le tourbillon qui nous entraîne tous plus ou moins depuis quelques mois, la majorité, en votant le décret, n'en aura pas aperçu toutes les barbares conséquences ; — ou bien qu'elle n'y aura vu qu'une mesure comminatoire, qui ne saurait jamais en arriver à exécution.

Mais, cette seconde hypothèse fût-elle fondée, le supplice de l'incertitude entre la vie et la mort n'en subsisterait pas moins pour les otages et leurs familles.

VII

Croyez-le bien, citoyens jurés, en vous soumettant ces réflexions, je n'ai pas même eu la pensée qu'elles pussent être considérées par vous comme une excitation à faiblir dans le devoir de répondre selon *votre conscience*. Du moment que vous reconnaissez la légitimité du décret, vous devez l'exécuter loyalement. Mon seul but a été de vous prémunir contre l'illusion, qui, à défaut d'une étude suffisante de l'économie des deux décrets, aurait pu vous faire considérer comme sans gravité réelle une déclaration de culpabilité qui n'entraîne pas l'application *immédiate* d'une peine.

2. — Question de fait. — Question personnelle.

Ceci expliqué dans l'intérêt de la justice et de la vérité, dont un magistrat de mon rang ne peut jamais se désintéresser, même quand il est assis au banc des accusés, dans l'intérêt surtout des malheureux qui seront encore traduits devant vous, j'arrive à la question qui m'est personnelle, à cette question unique :

Suis-je ou non convaincu de complicité avec le Gouvernement de Versailles?

I

Le mot *complicité* n'est pas exact ; car il suppose un crime principal dont il n'est que l'accessoire ; et puisque la Commune considère Paris et Versailles comme *deux belligérants*, l'expression *connivence avec l'ennemi* eût mieux convenu. — Mais peu importe le mot, quand l'idée est la même. — Bien évidemment ce que l'on veut punir n'est pas un rapport quelconque entre l'accusé et le gouvernement de Versailles ; car, alors, il faudrait traduire devant vous les nombreuses délégations qui se sont mises en communication avec M. Thiers dans un but de conciliation ; — ceux qui se sont adressés à lui pour obtenir un *laisser-passer;* etc., etc. ; ce qui serait absurde.

Ce que le décret veut punir, c'est le concours, l'aide, l'assistance donnés au Gouvernement de Versailles, avec l'intention de nuire à la Commune, et, puisque le décret emploie le terme légal de *complicité*, sans en donner une définition particulière, c'est que, probablement, il s'en réfère à la définition générale qu'en a donnée l'art. 60 du Code pénal, ainsi conçu :

« Art. 60. — Seront punis comme com-
« plices d'une action qualifiée crime ou
« délit, ceux qui, par dons, promesses,
« menaces, abus d'autorité ou de pouvoir,
« machinations ou artifices coupables, au-
« ront provoqué à cette action, ou donné
« des instructions pour la commettre.

« Ceux qui auront procuré des armes,
« des instruments, ou tout autre moyen
« qui aura servi à l'action, sachant qu'ils
« devaient y servir.

« Ceux qui auront, avec connaissance,
« aidé ou assisté l'auteur ou les auteurs
« de l'action, dans les faits qui l'auront
« préparée ou facilitée, ou dans ceux qui
« l'auront consommée... »

J'accepte pour mon compte cette définition, si large qu'elle soit, et je me reconnais coupable, aux termes du décret du 4
avril, si l'accusation peut établir contre
moi :

Soit que par dons, promesses, menaces,
abus d'autorité ou de pouvoir, machinations et artifices coupables, j'aie provoqué
le gouvernement de Versailles à faire à la
Commune la guerre actuelle ou donné des
instructions pour la faire ;

Soit que je lui aie procuré des armes,
des instruments ou des moyens de la
faire ;

Soit enfin, que je l'aie, en connaissance de cause, aidé ou assisté.

II

L'accusation a-t-elle fourni contre moi l'ombre d'une preuve de l'une de ces circonstances si nombreuses, cependant? — A-t-elle trouvé une simple trace que j'aie eu le moindre rapport avec le gouvernement de l'Assemblée nationale?

Où sont les témoins, les écrits, où à défaut de témoins et d'écrits, où est au moins le plus petit fait qui dépose contre moi.

Rien, rien, rien...., pas un témoin, pas un écrit, pas une preuve, pas une demi-preuve, pas seulement un indice.

Et cependant, vous le savez, citoyens jurés, c'est à l'accusateur à · *prouver son accusation.*

Quant à l'accusé, il n'a pas à prouver son innocence, parce que, à moins de circonstances rares et exceptionnelles, un fait négatif, tel qu'est l'innocence, n'est pas susceptible de tomber en preuve.

Eh bien, cette preuve d'innocence, que je ne suis nullement tenu de faire, que le plus souvent l'accusé est dans l'impossibilité de faire, j'ai la bonne fortune de pouvoir vous l'apporter claire, précise, complète, victorieuse.

Veuillez me prêter un moment d'attention, et vous en serez convaincu comme moi.

III

Et d'abord rapprochons les dates.

Bien évidemment, le fait d'avoir excité, soutenu , assisté le gouvernement de l'Assemblée nationale contre la Commune de Paris, ne peut avoir été commis *avant le* 18 *mars*, et ce, par la raison simple et sans réplique que c'est le 18 mars seulement qu'a eu lieu à l'improviste la révolution qui du même coup donna naissance à ce que vous appelez le gouvernement de Versailles, et, en opposition avec lui, à la Commune de Paris. — Or, comment aurais-je pu prendre parti pour le gouvernement de Versailles contre le gouvernement de Paris, d'abord *comité central,* puis Commune de Paris, lorsqu'ils n'étaient encore nés ni l'un ni l'autre, du moins en tant que pouvoirs rivaux et en guerre. — Donc, pour tout ce qui est antérieur au 18 mars, je puis me borner à faire à l'accusation la réponse de l'agneau au loup de la fable :

Comment l'eussé-je fait, puisqu'ils n'étaient pas nés?

IV

Serait-ce dans les jours qui ont suivi le

18 mars que j'aurais accompli quelques actes de complicité? — Voyons.

Où étais-je et qu'ai-je fait les jours suivants?

Le 18 et le 19, j'étais, depuis le 14, dans une ferme que nous possédons dans le département de l'Eure entre Pacy et Evreux. Je m'y étais rendu pour aviser aux moyens de la mettre en culture; car le fermier, fuyant devant l'invasion prussienne, l'avait abandonnée dès le 16 septembre, emmenant avec lui les chevaux, bestiaux, ustensiles de toute nature et laissant les terres incultes, fait dont, par suite de l'investissement de Paris, je n'avais été averti que le 18 février seulement.

De là je devais me rendre à Bayeux, auprès de ma femme très-malade et de mes plus jeunes enfants que je n'avais pas vus depuis le 7 septembre, époque où, quoique en vacances, je les avais quittés pour rentrer à Paris, y partager les périls de la population parisienne et y remplir les fonctions de Premier Président, qui m'incombaient comme doyen des présidents de chambre, en l'absence de M. Devienne, titulaire.

Après la fatale capitulation du 28 janvier, j'avais été retenu à Paris par les devoirs que m'imposaient, en un tel moment, ces hautes fonctions; et c'est seulement le 13 ou 14 mars, que j'avais pu m'absenter pour quelques jours, sans manquer à aucun devoir.

J'étais donc à Orgeville, depuis le 14, dans un hameau isolé où n'arrive aucun journal ; et j'allais continuer ma route vers Bayeux, où, comme je viens de le dire, ma femme était retenue par une maladie grave, quand le dimanche 19, vers six heures du soir, j'appris l'événement du 18, la retraite à Versailles du Gouvernement, et l'établissement à Paris d'un gouvernement rival, le tout, comme de raison, avec les exagérations ordinaires qui représentaient Paris comme « à feu et à sang. »

Il n'y avait point à hésiter : C'est surtout aux jours de danger qu'un fonctionnaire doit être à son poste. — Renonçant, donc, à me rendre à Bayeux, je me mis en route, le soir même, pour Paris, où j'arrivai dans la nuit du dimanche 19 au lundi 20.

Et, remarquez-le bien, citoyens jurés, j'aurais pu quitter le train à Poissy et me rendre à Versailles ; on me le conseillait ; je ne le fis pas ; Et pourquoi ? Ce n'était pas assurément par sympathie pour le mouvement du 18 mars, dont la nature m'était encore inconnue ; non, c'est que depuis la dissolution du Sénat, au 4 septembre, je n'avais plus aucun caractère politique ; j'étais purement et simplement un magistrat ; et, à ce titre, *mon poste était à Paris.*

La journée du lundi fut employée à lire les journaux, qui, depuis le 14, s'étaient accumulés sur ma table, pour tâcher de reconnaître le caractère, encore fort obscur, du mouvement du 18 et à prendre connaissance des lettres et affaires arrivées pendant mon absence.

Le mardi, 21, j'étais au palais dès dix heures du matin ; j'y présidais la chambre des requêtes. — A trois heures, je rentrais chez moi ; à trois heures et demie j'étais arrêté dans mon domicile ; conduit en prison d'où je ne suis pas sorti depuis.

IV *bis.*

Maintenant, je le demande à l'accusation : — Où peut-elle trouver, je ne dis pas la trace, mais seulement la *possibilité* d'un acte de complicité avec le gouvernement de Versailles contre celui de l'Hôtel-de-Ville?

Ce ne peut être ni le 18, ni le 19 ; car j'étais à 25 lieues de Paris, dans un hameau isolé où ne pénètre aucun journal ; j'ignorais ce qui se passait.

Ce n'est pas non plus le 20 et le 21 ; car je vous ai fait connaître l'emploi de mon temps, justifié au besoin par témoins et par les registres du greffe.

Et d'ailleurs, voyons : — Qui donc dans les premiers moments de trouble et de confusion, pouvait prévoir la déplorable guerre civile qui a suivi ?... Qui ne comptait, au contraire, sur un dénouement pacifique ?... Qui donc pouvait songer à comploter avec le gouvernement de Versailles contre le pouvoir, encore à peu près inconnu, qui siégeait à l'Hôtel-de-Ville, sous le nom de *Comité central* ?

V

Et puis, voyez encore. Si j'eusse voulu faire acte d'hostilité contre l'Hôtel-de-Ville, j'en avais sous la main un moyen bien simple, c'était de ne pas tenir audience, de suspendre le cours de la justice; ce qui eût valu au moins comme protestation.

Loin de là : j'insistai pour que la cour continuât son service, et je prêchai d'exemple en tenant mon audience; et les deux autres chambres auraient continué, le lendemain et le surlendemain, si mon arrestation n'était venue prouver qu'il n'y avait plus de liberté pour les magistrats, même pour ceux aussi connus que je l'étais par mes opinions libérales.

Etait-ce par sympathie pour le mouvement encore si obscur du 18 mars que j'agissais ainsi?... Non, assurément; c'était par un autre principe que j'ai tou-

jours professé et pratiqué, à savoir que le
pouvoir judiciaire doit rester absolument
en dehors de la politique; principe au
nom duquel, dans mon discours du 5 mai
1868, j'avais insisté pour que tous les
crimes et délits politiques fussent *déférés
au jury*.

VI.

Serait-ce enfin depuis le 21 mars que
j'aurais comploté avec Versailles?

Mais, depuis le 21 mars, je n'ai cessé
d'être enfermé dans une cellule, d'abord
à la préfecture, puis à Mazas : — privé
de toute communication avec le dehors,
n'ayant pu voir mon médecin et mon domestique qu'en présence du directeur, —
n'ayant pas même la permission de lire
les journaux ; — ne connaissant des événements que ce que me permettait d'en
soupçonner le bruit du canon venant trop
souvent troubler le silence de ma cellule.
— Et cette séquestration absolue fut maintenue jusqu'au 28 avril, où par l'humaine
intervention de MM. Miot et Gambon, il
nous fut enfin donné de recevoir les journaux.

VII

Me dira-t-on que j'ai pu écrire?... Assurément, et j'ai même beaucoup écrit, au

moins une lettre par jour, soit à ma femme malade pour la consoler, soit à mon fils pour le guider dans la culture de nos terres, sans parler de quelques lettres à mes amis et à mon domestique.

Mais toutes mes lettres, toutes les réponses ont subi le contrôle du greffe.

Et si étrangères qu'elles fussent à la politique, les deux tiers ne sont point parvenues à destination, retenues sans doute par la police. L'accusation doit les avoir à son dossier; qu'elle les montre, et par celles qu'elle a jugé pouvoir retenir, vous pourrez juger de celles qu'elle a laissé passer; vous verrez combien toutes étaient étrangères à la polit'que. Et comment eussé-je pu en parler, quand c'est seulement au mois de mai que j'ai pu me procurer le *Journal officiel* et connaître les décrets des 4 et 22 avril, en exécution desquels je suis traduit devant vous.

A qui aurais-je écrit, quand de tous les membres du Gouvernement, MM. Thiers, Dufaure et Jules Favre sont les seuls que j'aie connus, quand j'avais l'honneur de siéger avec eux à la Constituante de 1848, sans avoir eu depuis une seule occasion de leur parler.

VIII.

La démonstration ne vous semble-telle pas encore assez complète, citoyens jurés? — Soit..., le procureur de la Commune, le citoyen Rigault, va vous fournir le complément.

Quand, le 21 mars, conduit devant lui par ceux qui venaient de m'arrêter, je lui demandai les motifs de cette arrestation...

— *Vous le saurez plus tard*, telle fut sa réponse.

Et comme je lui rappelais qu'un mandat d'arrêt doit spécifier les faits et citer la loi qui les qualifie *crime ou délit*, et que le sien ne contenait ni l'un ni l'autre... «*Nous ne faisons pas de la légalité ici, nous faisons de la révolution.*»

Et que répondait-il encore à ceux de mes amis qui, dans les premiers jours et sans m'avoir consulté, allaient lui demander ma mise en liberté: « *Nous n'avons rien à reprocher au président Bonjean; mais c'est un otage précieux; et il ne sortira que sur un ordre signé ici même par Blanqui.* »

IX.

Niera-t-il ses paroles? Il le peut, car Dieu me garde d'exposer à sa colère ceux qui pourraient en témoigner.

Mais, à défaut de ses paroles, voici deux faits, deux circonstances qui prouvent que moins que personne il croyait, de ma part, à un fait incriminable, même au point de vue de la Commune.

Le premier, c'est que, soit dans le mandat d'arrêt, soit dans le premier écrou du 21 mars, il ne put spécifier aucun fait ; et dix-sept jours après, l'écrou à Mazas garda le même silence absolu.

Le second fait, c'est que contrairement à ce qui se pratique, contrairement à ce qu'il a pratiqué chez tant d'autres, il n'a pas même tenté de faire une perquisition à mon domicile, tant il savait bien qu'il ne pourrait rien y trouver qui pût justifier l'arrestation d'un homme de mon âge et de mon rang.

Que reste-t-il donc de tout cela, citoyens jurés? Il en reste la preuve d'un attentat monstrueux à la liberté individuelle ; d'un de ces actes de scandaleux arbitraire qui deshonoreraient la meilleure cause.

X.

Je n'abuserai pas plus longtemps de votre patience, citoyens jurés ; si après mes loyales explications, votre conviction sur le néant de l'accusation n'est pas formée, c'est que, sans doute, dans les temps troublés par les passions politiques, la logique perd ses droits.

Quelle que puisse être votre décision, dût-elle m'être fatale et terminer bientôt par une mort sanglante ma laborieuse vie, le calme de mon âme n'en sera nullement troublé.

C'est que, voyez-vous, à mon âge, quand la conscience est sans reproche, le peu de jours qui restent à vivre est un capital de si petite valeur que ce serait un marché d'or que de le troquer contre l'auréole de pitié et de sympathie dont, à défaut de titres plus éclatants, les âges futurs ne manquent pas de couronner la mémoire de ceux qui ont trouvé une mort sanglante pour rester au poste du devoir.

Et puis, laissez-moi terminer, en vous exprimant un doute.

Le procureur de la Commune est-il bien sûr de pouvoir conduire à exécution la sentence de mort qu'il vous demande contre des vieillards irréprochables, comme le sont la plupart de ses otages?

D'abord, il ne peut plus compter sur le bourreau ordinaire, puisque le peuple de Paris a brûlé la guillotine.

Il lui faudrait donc charger la garde nationale de nous fusiller. Mais ne serait-il pas exposé à recevoir des chefs de cette garde la même réponse que fit à Charles IX un gouverneur à qui ce roi, de funeste mémoire, avait envoyé l'ordre de massacrer les protestants : — « Sire, j'ai communiqué vos ordres aux troupes placées sous mes ordres, je n'ai pu y trouver que

7

de braves soldats, mais *pas un bourreau.*»

Au surplus, advienne que pourra, c'est votre affaire plus que la mienne, citoyens jurés, car moi je ne risque que ma vie ; vous, vous risquez l'honneur et le repos de votre conscience.

LES PRUSSIENS

16 mai 1871.

La Commune vient de rétablir la « carte d'identité. »

La capitaine de Saint-Sulpice avait raison, et la neutralité va devenir de plus en plus difficile à observer.

Pour parer aux éventualités, je suis allé raconter mon aventure de l'autre jour à M. Miot et lui demander de me signer une attestation, que je lui étais connu, et que les blessures que j'avais reçues aux zouaves pendant le siége me rendaient impropre à un service actif. Il me l'a signée avec la meilleure grâce du monde.

Nous avons beaucoup parlé du sort de M. Bonjean sur lequel il est absolument rassuré. Quant au jugement par le jury, il m'a répondu : — Nous ne pouvons pas y penser en ce moment, car nous allons en avoir de bien plus « intéressants » à juger, pardonnez-moi l'expression.

Nous allons être obligés de faire arrêter demain vingt membres de la Commune, vingt des nôtres.

17 mai 1871.

... Tout en continuant mes recherches pour le jury, dans les discours de M. Bonjean, j'ai été frappé par ces deux passages qu'il serait bon de livrer aux méditations de nos implacables ennemis.

On sent la main des Prussiens partout dans ce qui se passe en ce moment à Paris, et leur attitude inqualifiable au milieu de ces événements donne à ces aperçus un grand degré d'actualité.

« ... Que cela dure encore quelque temps, et l'Etat russe qui, en 25 ans, est déjà devenu propriétaire du quart du sol, sera bientôt, au moyen de ce nouveau système de confiscation à outrance, propriétaire du tout; et alors, vous aurez en Pologne, comme dans le reste de la Russie, l'idéal rêvé par le grand-duc Constantin : le *czar* en haut, et en bas un troupeau de paysans esclaves, abrutis, c'est-à-dire le type exact du communisme !

« Que l'Europe y fasse donc attention ! On parlait hier d'une nouvelle invasion de barbares. Je ne sais pas si elle sera violente, si elle s'accomplira par la force, mais je vois certainement une invasion de principes menaçants pour la société européenne.

« Lorsque le principe de la communauté des biens, qui est le principe russe, aura triomphé dans toute la Pologne, les douanes prussienne, autrichienne, qui ont bien pu arrêter les armes qu'on envoie aux insurgés, arrêteront-elles la contagion des idées?

« Voilà ce que je crains pour l'Occident, c'est cette invasion des idées révolutionnaires communistes, qu'il était dans la fatalité du gouvernement russe, je ne dis pas de professer, mais de pratiquer pour anéantir la nationalité polonaise. » . . . .

. . . .

(Discours au Sénat, 18 décembre 1863.)

« Peuples de l'Europe, et vous surtout
« peuples d'Allemagne, si vous restez
« sourds au cri de l'humanité, écoutez au
« moins celui de votre intérêt.
« Regardez au Nord, cet empire qui a
« grandi, en une nuit, comme la courge
« du prophète. Au temps de Louis XIV,
« il ne comptait même pas dans la politi-
« que de l'Europe ; et voilà qu'il s'étend
« aujourd'hui sur trois des parties du
« monde ; il embrasse un septième de la
« terre habitable, soixante-dix millions de
« sujets obéissent à sa loi ; et pendant ces

« cinquante dernières années, il a été
« l'arbitre et le cauchemar de l'Europe.»
(Légères rumeurs.)

>   (Discours au Sénat, 17 mars 1863.)

DERNIÈRE VISITE A MAZAS

18 mai 1871

... Je me suis trouvé dans la première
salle d'attente de Mazas en même temps
que Mᵐᵉ Chaudey. Appuyée le front contre
les grilles et tenant son fils par la main,
elle attendait son tour... Là encore étaient
plusieurs femmes désolées, sans doute les
mères ou les sœurs des malheureux agents
ou gardes de Paris, otages de la Commune.
Il n'y avait point de visiteurs.

Mon tour vint et, cette fois encore, j'eus
le bonheur de voir M. Bonjean au parloir
des avocats. Nous pûmes nous entretenir
longuement de sa famille et des évène-
ments. Il me semble que la crise étant à
sa période la plus aiguë, il serait bon que
l'on pût, par la presse de province, forcer
la Commune à faire passer les otages devant des jurés. C'est encore là notre plus
sûre chance de salut. Le Président n'est
pas d'abord de mon avis et préfère qu'on

fasse un silence de mort autour d'eux pour les faire oublier, s'il était possible. Toutefois, comme il désire par dessus tout que nous passions devant un jury, quelque mal composé qu'il soit, j'aimerais que tu donnasses à un journal d'Auvergne la lettre que je t'ai envoyée le 30 avril, et M. Bonjean ne fait pas d'opposition à propos de la demande que je lui adresse à ce sujet.

Notre cher président m'a parlé aujourd'hui plus particulièrement de tous ceux qu'il aimait, de sa famille, de ses vieux amis. Il m'a parlé aussi de son premier séjour au dépôt de la préfecture de police où il pouvait les recevoir. Il y voyait presque quotidiennement le docteur Legrand du Saulle avec lequel il aimait tout particulièrement à s'entretenir, son obligeant ami M. Gaye et Mᵐᵉ Coré, la femme de l'ancien directeur du dépôt. M. Coré était aussi en prison et au secret, mais comme on avait laissé sa femme dans son ancien logement qui est attenant au dépôt, elle avait pu pénétrer auprès de M. Bonjean et de l'archevêque, et adoucir leur rude captivité en leur procurant des vivres et en leur prodiguant les soins les plus attentifs. Après quelque temps d'entretien sur le chapitre souvenirs, nous retombâmes au chapitre noir.

M. Bonjean se plut à parcourir les différentes phases que pourrait présenter un massacre dans Mazas, et me fit cette énumération avec un calme parfait, comme s'il s'agissait de la chose la plus naturelle du monde.

J'ai à vous adresser, me dit-il en terminant, une solennelle prière. Il est une grande et dernière peine que je voudrais épargner aux miens ; c'est que mon corps, mutilé par ces misérables, fût jeté dans la fosse commune et disparût. Je vous donne la mission de le chercher, de le reconnaître et de le rendre à ma famille. Cet effort que je demande à votre amitié, est, je le sens, le plus grand et le plus douloureux de tous, mais... Ici, le président m'exprime avec effusion les sentiments qui l'animaient à mon égard, et il me prie de recevoir sa dernière bénédiction.— C'est la bénédiction d'un vieillard, me dit-il, elle vous portera bonheur.

J'écoutais religieusement, mais le premier moment de surprise et d'émotion passé, je combattis ses idées sombres et m'efforçai de détourner le cours de la conversation.

Il me parla alors de ses travaux.

Préoccupé des questions sociales qui agitent le monde, il cherche la solution, en ce qui le concerne personnellement, et prépare pour Georges un projet d'association, par lequel il veut arriver à intéresser jusqu'au plus modeste serviteur à la prospérité de son domaine. C'est une question bien difficile à résoudre, me disait-il, mais j'y travaille...

Il lit peu et puise tous ses sujets de méditations et ses consolations dans le *Nouveau Testament* dont il ne se sépare point.

CHRISTIANISME ET LIBERTÉ

19 mai 171

..... Dans la défense de notre cher président, à laquelle je travaille, j'ai toujours devant les yeux cette devise : Liberté, Egalité, Fraternité, et j'y trouve toute sa vie résumée.

Défense — n'est pas le mot propre, car nous n'avons pas l'intention de nous présenter comme accusé. Ce sera un exposé de la vie de M. Bonjean et je me propose de le faire connaître au jury par les seuls extraits de ses discours politiques. Pour cela, je n'ai qu'à puiser, car tout est à citer et rien ne saurait être désavoué de tout ce qu'il a écrit dans sa longue et laborieuse carrière.

Si les jurés m'en laissent le loisir, je leur parlerai aussi religion, et je me propose de leur citer ces deux passages qui résument si bien les sentiments profondément religieux de notre vénérable président, mais non pas religieux à la façon d'aujourd'hui, malheureusement pour notre pays.

« Pour mon compte, si l'expérience devait aboutir à la chute du pouvoir temporel, je verrais cette chute sans plaisir, mais aussi sans inquiétude, parce que, plus que jamais, je suis convaincu que le pouvoir temporel, je ne parle que de celui-là, est plutôt nuisible qu'utile au développement du sentiment religieux et surtout du sentiment catholique; parce que, plus que jamais, je suis convaincu que ce mouvement antireligieux, ce débordement d'athéisme qui se manifeste depuis quelques années dans notre pays, menaçant les bases de toute morale et de toute société, n'est, au fond, que la réaction immodérée, je le reconnais, injuste, je le proclame avec vous, mais enfin une réaction fatalement amenée par les doctrines, les théories et les moyens de toute nature par lesquels, depuis un certain temps, on a voulu soutenir le pouvoir temporel de la papauté (1). »

Et avec cette opinion si nette sur le pouvoir temporel du pape et ses sentiments sur l'influence de l'encyclique et du dogme

(1) Opinions de M. le président Bonjean sur la question italico-romaine. (Sénat, séances des 12 et 14 février 1866.)

7.

de l'infaillibilité, sentiments qui sont aussi ceux de Mgr Darboy, avec lequel il s'en est entretenu, voici à quelle conclusion il arrivait toujours :

« ..... Mais pour remplir tous les grands devoirs, il vous faut un point d'appui qui jamais ne fléchisse, un flambeau qui ne s'éteigne jamais et qui vous puisse guider dans les épreuves difficiles, souvent douloureuses, que vous aurez inévitablement à traverser, comme la colonne de feu guidait le peuple d'Israël dans la nuit du désert.

« Ce point d'appui, ce flambeau, vous ne le trouverez que dans le sentiment religieux le plus élevé, dans le sentiment chrétien.

« Tenez-vous en garde contre deux doctrines également fausses, également funestes, qui n'ont fait que trop de prosélytes en ces derniers temps : l'une qui attaque la société moderne au nom du christianisme, l'autre qui attaque le christianisme au nom de la société moderne.

« A l'une et à l'autre une même réponse suffit.

« Non, non, leur direz-vous, il ne peut exister d'*incompatibilité* entre ces deux grandes et saintes choses, christianisme et liberté ; ceux-là seuls peuvent en apercevoir l'apparence qui confondent les principes avec les abus que les hommes en ont pu faire.

« Comment donc serait-elle en opposition
avec la religion chrétienne cette civilisation moderne qui n'est que la réalisation,
imparfaite encore, sans doute, mais plus
complète cependant qu'en aucun autre
temps, des principes de fraternité, de liberté et d'égalité que le Christ a, le premier, proclamés à la face du vieux monde?

« Ah ! ah ! ce vieux monde ne s'est pas
rendu du premier coup ; il résiste encore
aujourd'hui. Mais sa résistance est vaine ;
la victoire n'est plus douteuse, trop de si-
gnes manifestes l'annoncent de tous côtés.

« Oui, j'en ai la ferme espérance, le jour
approche, bien qu'à mon âge je ne doive
pas le voir, où, abjurant d'étroits préjugés
et d'injustes défiances, la religion et la civilisation moderne scelleront enfin cette
sainte alliance, source divine d'où sor-
tiront, pour les sociétés régénérées, les
véritables conditions de l'ordre moral et
politique, et pour le genre humain, le règne de la Vérité, de la Justice et de la
Paix. (1) »

20 mai 1871.

Madame Bonjean, à qui j'avais adressé
quelques paroles rassurantes, sur.la recommandation que m'en fait toujours notre
cher président, m'écrit :

(1) Discours à la distribution des prix du lycée Na-
poléon, du 7 août 1866.

Orgeville, 19 mai 1871.

« J'accueille, en les bénissant toutes, les
« assurances que vous me donnez que rien
« n'est à craindre pour la sûreté de mon
« mari; mais je ne puis me défendre d'ap-
« préhender pour lui, comme pour ses
« compagnons d'infortune, les conséquen-
« ces possibles de la défaite de ceux qui
« le détiennent!

« Je n'aurais rien craint d'un jugement
« de la Commune; mais je ne puis m'em-
« pêcher de craindre quelque violence po-
« pulaire exercée contre les otages, im-
« puissants à se protéger contre ceux qui
« s'en étaient saisis dans l'espoir de s'en
« faire un bouclier !

« Le sinistre souvenir des journées de
« septembre 92 se représente sans cesse à
« mes yeux ! et ma vie n'est qu'une an-
« goisse permanente !

« C'est à vous seulement, cher monsieur
« Charles, que j'avoue ces tourments in-
« times, car je me reprocherais d'y asso-
« cier mes chers fils dont la jeunesse n'est
« déjà que trop assombrie par les calami-
« tés publiques et privées dont ils sont té-
« moins. »

21 mai 1871.

Mme Bonjean m'envoie aujourd'hui deux
lettres qui répondent aux insinuations
malveillantes de Protot et de Raoul Ri-

gault sur la part qu'aurait prise M. Bonjean à la loi de proscription de 1858.

Elles émanent des deux proscrits les
plus importants du département de l'Eure,
où ils sont très connus et très-honorable-
ment connus. — Les voici :

« Evreux, 15 mai 1871.

« Madame,

« Vous sachant de passage à Evreux,
« permettez-moi de saisir cette occasion
« de vous donner un témoignage de sym-
« pathie, me rappelant les obligeantes dé-
« marches de M. Bonjean en faveur des
« personnes frappées par la loi de sûreté
« générale de 1858, de triste mémoire.
« Comme je suis une des personnes d'E-
« vreux qui ai été atteinte par cette odieuse
« loi, je ne puis oublier les instances tou-
« tes spontanées et énergiques faites par
« M. Bonjean, tant à Evreux qu'à Paris,
« pour obtenir du gouvernement la non-
« exécution de la mesure inique dont j'é-
« tais l'une des victimes.

« Daignez agréer,
          « Madame,
« l'hommage de mon profond respect.

« VERNEY,
« ancien président du tribunal de commerce. »

Evreux, 15 mai 1871.

« Madame,

« Vous me faites l'honneur de vous

« adresser à moi, invoquant mes souvenirs
« sur la conduite tenue par votre mari,
« lors des persécutions exercées par le
« préfet, M. Janvier, contre le parti répu-
« blicain dans l'Eure. C'est une dette de
« reconnaissance à payer, et je suis heu-
« reux de m'acquitter.

« Je sais que M. Bonjean, sénateur de
« l'empire, est intervenu spontanément
« auprès du préfet, alors que mes amis et
« moi nous étions arrêtés comme répu-
« blicains, mis en prison au secret. L'in-
« tervention de M. Bonjean fut tellement
« vive qu'il s'est fait, je le sais, un en-
« nemi de M. Janvier ; je sais enfin que si
« nous avons été transportés en Afrique,
« nous l'avons été malgré les efforts cou-
« rageux de votre mari qui avait adressé
« au ministre, le général Espinasse, les
« p'us énergiques protestations.

« Voici madame, ce que je puis, et dois
« certifier. Je le fais d'autant plus volon-
« tiers que je désire, je vous l'assure, voir
« votre mari rendu à la liberté avec autant
« d'ardeur que lui-même en mettait à me
« faire sortir de prison. Et, républicain,
« je puis lui rendre cette justice, que par-
« mi les fonctionnaires de l'Empire, c'est
« celui auquel j'ai toujours vu le plus d'in-
« dépendance et de courage.

« Veuillez, madame, lui transmettre ce
« témoignage et agréer l'expression de

« mon profond respect avec les vœux que
« je fais pour que votre mari vous soit
« promptement rendu.

« A. PAPON. »

LA CRISE

22 mai 1871.

Ce matin seulement, en descendant à
sept heures, le concierge m'a appris que
l'armée était entrée hier soir et qu'elle oc-
cupait le Champ-de-Mars.

Uniquement préoccupé de la pensée de
sauver M. Bonjean, je cours chez M. Miot.

Je traverse la place du Panthéon au moment où on venait de l'entourer d'un cor-
don de gardes nationaux. L'un d'eux m'arrête.

— On ne peut plus sortir d'ici sans laissez-passer de la mairie.

C'est en vain que je dis chez qui je vais.

— Pourquoi n'êtes-vous pas en garde
national, me demande le capitaine, vous
êtes sans doute un réfractaire, je vous arrête.

Sur mes réclamations et sur le vu de
l'attestation de J. Miot, il se décide à me
conduire au maire Régère, qui se prome-
nait à grands pas dans son cabinet, ceint

de son écharpe rouge de membre de la Commune.

Je m'explique et je dis chez qui je vais et pourquoi; mais Régère est fiévreux, agité et ne m'entend pas.

— Parlez haut! me crie-t-il, tout le monde ici doit entendre ce que l'on dit! (il y avait trois gardes nationaux près de la porte). Il n'y a point d'affaires privées en ce moment! Il n'y a que la question de salut public! Nous ne devons nous occuper que de la question militaire. Pourquoi n'êtes-vous pas garde national? Que veniez vous faire ici? Capitaine! arrêtez cet homme-là, il n'est pas en règle. Gardez-le.

Le capitaine m'emmène dans la grande salle où s'installait le bureau, une sorte de conseil de guerre, composé de gardes nationaux. Je continue mes explications. Je montre les papiers que j'ai sur moi. L'un me questionne sur mes états de service ; l'autre me demande ironiquement si je viens de Versailles, et je n'obtiens rien, car l'ordre de Régère est formel.

Toutefois, ils m'accordent une seule faveur et consentent à faire porter, par un planton, à Miot un petit mot que j'écris séance tenante sur le bureau et que je leur fais lire à tous.

« Citoyen Miot, apprenant ce matin « l'entrée de l'armée de Versailles, j'allais « rue de la Vieille-Estrapade pour vous

« parler de M. Bonjean. On m'a arrêté
« place du Panthéon. Je vous prie de me
« faire rendre ma liberté.

« Veuillez agréer l'assurance de ma con-
« sidération très-distinguée.

« C. GUASCO. »

En attendant la réponse, j'assiste au dé-
filé de ceux qui me suivaient et qui avaient
é é arrêtés dans les mêmes conditions que
moi. Il y en avait une douzaine de toutes
classes et de tout âge. Avec eux, les explications n'étaient pas longues. On prenait
un fusil au tas, et on le leur mettait sur
l'épaule : Descendez en bas ! Vous défendrez
le Panthéon !

L'un voulait aller déjeuner avec sa femme.
— Vous déjeunerez ici, la Commune vous
invite, on va apporter des vivres.

L'autre rejoigna t son bataillon.

— Où est votre ordre ? Restez ici. Il y a de
l'ouvrage. La plupart se disaient bons citoyens, mais s'ils hésitaient, un lieutenant,
à mine de bandit, s'avançait, menaçant
de faire leur affaire.

Si M. Miot n'est pas chez lui, pensai-
je, ce qui est plus que possible, mon affaire est claire. Les siens déclareront qu'ils
ne connaissent pas mon nom, ce qui est
vrai. Je suis jugé, réfractaire, soldat déguisé, agent de Versailles... Juste à ce
moment, entre le patriarche Miot qui venait me chercher.

Il va trouver Régère avec le capitaine et revient me prendre au bout de quelques minutes.

— Vous voyez, dis-je, capitaine, que je vous ai dit la vérité.

— Parfaitement, citoyen, mais de votre côté, vous devez vous plaire à reconnaître que nous avons été parfaitement polis.

— Je me plais à le reconnaître.

En descendant l'escalier de la mairie, M. Miot me dit à très haute voix : j'ai expliqué à Régère pourquoi vous étiez impropre au service actif, mais vous nous serez d'une très-grande utilité dans l'administration ; seulement, une fois dans la rue Soufflot, et après avoir franchi les sentinelles, il me montre ma lettre qu'il avait déjà apostillée. Vous êtes un imprudent, monsieur Guasco, me dit-il ; en voyant le nom de Bonjean, j'ai pensé qu'il était préférable de venir moi-même que d'envoyer cette lettre.

M. Miot m'accompagna jusque chez moi, pour m'empêcher d'être arrêté de nouveau, écoutant tout ce que je lui demandais pour M. Bonjean. En me quittant, il me dit : Croyez-moi, vous n'avez aucun papier, et au milieu de l'exaltation qui règne, ma recommandation vous serait inutile, car il est peu probable que vous me trouveriez toujours comme ce matin. Restez chez vous, car vous ne pourriez plus faire un pas sans être arrêté. Je vais m'occuper de M. Bonjean et je vous promets de venir vous rendre compte. Donnez-moi votre adresse...

Le calme de J. Miot se rendant aux nouvelles à l'Hôtel-de-Ville, après m'avoir reconduit chez moi, m'a paru incompréhensible et m'a presque donné confiance dans le salut des otages. Son imagination est plus que jamais hantée par les fantômes de la trahison. — C'est la trahison qui a livré Saint-Cloud, — Cluseret, qui a été acquitté, a trahi, — Rossel avait trahi. — Tout le monde trahit.

La ville est en ébullition. Les fédérés se préparent à une guerre de rues désespérée. Il en est qui ne croient pas encore être battus. Les barricades sortent de terre. La bataille se rapproche. On éprouve les angoisses du spectateur qui assiste à une agonie. Le râlement d'une ville de deux millions d'âmes a quelque chose d'horrible. Le cœur est serré, l'esprit haletant. On parle bas et on écoute...

J'ai recommandé M. Bonjean à M. Miot avec toute la chaleur dont j'étais capable; mais, à cette heure, je ne puis plus traverser la Seine.

M. Jules H..., qui a tenté l'aventure pour avoir des nouvelles, a été arrêté. On voulait absolument qu'il fût un général déguisé et on allait le passer par les armes sans un chef d'état-major qui prit la peine d'examiner ses papiers et reconnut sa nationalité belge. Que faire?

LA BATAILLE

23 mai 1871.

Sept heures. —- Calme complet. Le soleil luit splendide et le marchand des quatre saisons crie sa marchandise dans la rue Saint-André. Quelques journaux paraissent.

Midi.— Le tocsin sonne à toutes volées. Le chassepot et la mitrailleuse ont la parole et une clameur sauvage s'élève dans le lointain.

Cinq heures. — M. Miot vient de sortir de mon cabinet.

— Je viens, m'a-t-il dit, comme je vous l'ai promis. J'ai craint que vous ne fussiez inquiet si vous appreniez qu'on a transféré les otages de Mazas à la Roquette. On a fait cela parce qu'on redoutait un mouvement populaire sur Mazas, mais rassurez-vous. Il n'est rien arrivé et n'arrivera rien à M. Bonjean. Je vous promets que j'irai le voir demain. Montmartre est pris, ajouta-t-il. La Cécilia nous a livrés. Un général tous les deux jours.

J'adressai une dernière et pressante prière à M. Miot, et il me promit formellement de saisir le moment propice pour agir. Nous avons reçu tout à l'heure Bonvalet et les délégués, me dit il..., on cherche la solution.

M. Miot est soucieux, fatigué, pensif, il me fait l'effet d'un homme débordé. Il se noie. Tout sombre.

Comme je le reconduisais, il me pria de rentrer, ajoutant : Ne vous montrez pas avec moi, je suis venu jusqu'ici en visitant les barricades qui sont là au bout de la rue.

... Ce soir on aperçoit dans la direction de la rue de Lille une immense trombe de fumée noire ??...

24 mai 1871.

Six heures. — Dès le matin on crie de la rue : fermez les fenêtres ! ouvrez les volets ! La première maison d'où l'on tire, on y f. le feu.

Neuf heures. — Le ciel est noir de fumée. On dit les Tuileries et le Louvre incendiés.

Malgré un temps superbe, le soleil a des reflets rougeâtres. L'air est assombri et on est là sous la mitraille, attendant et espérant... redoutant le meurtre, redoutant surtout l'incendie.

Dix heures. — L'Hôtel-de-Ville, dit-on, brûle !

Dix heures et demie. — Nous sommes en pleine bataille de rues. Imagine jusqu'à 6 heures un ouragan de fer nous enveloppant sans que nous puissions nous rendre compte de ce qui se passe. Sur nos têtes un ciel bleu et les raffales continues d'une épouvantable tempête. Enfin, à 5 heures et demie, on sort en masse et beaucoup battent des mains lorsqu'on plante le drapeau tricolore sur la fontaine Saint-Michel.

Et M. Bonjean? Et les otages? Cette fois c'en est fait. Une populace en démence ne recule plus devant les crimes les plus horribles.

Les rues où le canon et la fusillade ont tonné tout le jour sont jonchées de débris et on marche littéralement sur des platras et du verre pilé.

On ne parle que de gardes nationaux pris les armes à la main et fusillés.

Les marins qui ont enlevé les barricades des rues de Seine et de Buci sont reçus partout, fêtés, et c'est à qui leur témoignera sa satisfaction. Ces braves troupes sont vraiment françaises par le cœur et le courage.

Les fédérés n'étaient pas nombreux par ici, mais ils se sont battus comme des démons, tenant à deux, quatre, quelquefois un seul derrière une barricade et cela pendant des heures. On ne comprend rien à cette rage. On dit que tout le quartier devait sauter et que le temps leur a manqué pour réaliser leurs effroyables desseins.

Le nombre des incendies est considérable, et en ce moment c'est le tour de la Préfecture de police et du Palais-de-Justice. Ils flambent.

Rue de Tournon, chez M. Bonjean, on n'a aucune nouvelle de la Roquette.

Quelle journée ! Pauvre France !

25 mai 1871.

A quatre heures du matin j'étais au Panthéon, au milieu des chasseurs à pied. Partout des cadavres, partout des ruines. Le boulevard Saint-Michel est plein de troupes au repos sous les armes.

Au Panthéon, les cadavres sont nombreux sur la place et dans la mairie. J'en vois plusieurs aux fenêtres de la grande salle. On y a tout fusillé. Les plaies sont horribles et témoignent d'un grand acharnement. Le soldat passe insouciant auprès de ces corps comme auprès de chiens morts. Après les incendies et les crimes de la veille il ne peut éprouver aucun sentiment de pitié, car ils se sont mis au rang des fauves.

Dans nos rues le combat a été acharné; mais, ne pouvant franchir les lignes, je reviens en arrière. Les quais sont déserts et je croise les troupes de réserve.

La place de la Concorde offre l'aspect de la dévastation. La statue de Lille est hachée. Une fontaine est broyée. Les balcons sont brisés et les éclats de pierre et de fonte jonchent la place. Le ministère des finances est en cendres et les paperasses brûlées voltigent partout.

Enfin je passe devant les ruines fumantes de la Cour des comptes et de la Légion d'honneur et j'arrive à mon but, le quartier général établi au ministère des affaires étrangères.

Je suis introduit immédiatement auprès du général Vinoy par son officier d'ordonnance, le comte d'Armaillé, sur la seule énonciation du nom de M. Bonjean.

— Le général se lève et vient à moi.

— Général, je viens vous demander de me faciliter le moyen d'arriver à la Roquette dès que les troupes seront de ce côté.

Comment cela? me dit-il, mais M. Bonjean est à Mazas avec l'archevêque?

— Il y était en effet, mais dimanche soir on les a tranférés à la Roquette. Et je lui raconte comment j'en ai la certitude.

— C'est là un renseignement précieux. Prenez en note, dit-il à son secrétaire.

Je fais part au général de mes appréhensions et il me parait soucieux, consterné en pensant aux otages.

—Nous allons, ajoute-t-il, opérer un mouvement tournant par la barrière du Trône et enlever Mazas. Nous y serons ce soir ou demain matin, si nous ne rencontrons pas de résistances imprévues.

Sur ma demande, le général me signe un permis de circulation.

Je parcourus ce jour-là tout Paris. Un moment je me trouve seul place de l'Hôtel-de-Ville.

La rue de Rivoli est déserte. Les obus éclatent dans le faubourg Saint-Antoine ; au loin brille la statue de la colonne de Juillet.

A droite tourbillonne un immense nuage couleur d'encre et pétillent les flammes immenses de l'Arsenal et du Grenier d'abondance.

Sur les quais, les troupes massées s'avancent doucement. En face est l'Hôtel-de-Ville ! une dentelle noire découpant sur le ciel ses statuettes et ses modelures broyées par la mitraille, léchées par l'incendie, noircies et calcinées. Toute la carcasse est debout, mais complétement à jour, et sur cette façade se détache en lettres d'or, étincelantes au soleil, la devise du fronton : *Liberté, Egalité, Fraternité !*

Tout à l'entour voltigent les noirs papillons de l'incendie. J'étais seul au milieu de cette place, sans la foule curieuse, pouvant distraire, et les larmes me vinrent aux yeux...

En passant par le Tribunal de commerce

8

j'eus une impression consolante en retrouvant *un homme*, le brave Faivre, chef des gardes.

Celui-là n'a pas déserté son poste, aussi vient-il de sauver son tribunal. La veille encore, menacé par les fédérés furieux qui voulaient y mettre le feu, il s'était placé bravement sur la porte avec son tableau sur la poitrine, ce tableau où s'étalent sa croix, son prix Montyon et ses innombrables décorations et médailles de sauvetage. Sept fois les revolvers sont sous sa gorge, et un canon est amené ; se voyant perdu, il fait un signe de détresse. — Un jeune homme de la bande qui reconnaît le grand sauveteur fait abattre les armes. Un autre survient qui renouvelle les menaces. A celui-là il lui offre à boire et fait monter du vin.

Tandis que les fédérés sont attablés, les troupes arrivent et ils s'enfuient sans avoir eu le temps de mettre le feu au tribunal de commerce.

Il n'en est pas de même malheureusement du Palais-de-Justice, ce n'est qu'un brasier, et à travers les arceaux de ce squelette de géant, le jet d'eau des pompes à vapeur complète un décor dont bien peu contemplent la sublime horreur.

Il n'y a point de journaux, mais que d'affreux récits de fusillades, de pétroleuses, de soldats empoisonnés par les ambulancières. Ma pensée plane au-dessus de toutes ces horreurs, tournée vers la Roquette que je n'ai pu atteindre.

26 mai 1871

Le temps est brumeux et il pleut.

Dans nos quartiers il n'y a plus un seul soldat et les habitants ont dû veiller eux-mêmes à la sécurité de leurs demeures. On ne parle que de pétrole. Toutes les issues des caves et tous les soupiraux donnant sur la rue sont plâtrés et fermés avec soin.

Tout passant qui a un paquet à la main est fouillé. S'il porte un liquide, on le lui fait verser dans le ruisseau, s'il porte du pétrole, on l'arrête.

Toute la nuit on a entendu le peleton d'exécution du Luxembourg.....

A chaque corps d'armée sont attachés des officiers de gendarmerie en qualité de prévôts. Ils interrogent et prononcent vite, trop vite. Les mains noires, une rougeur à l'épaule, sont des indices suffisants pour être condamné. Classez-le! classez-le! disent-ils. Tout homme classé est fusillé!

L'attitude de la troupe est excellente. Des gens menacent et insultent les prisonniers qui vont être jugés et fusillés. La foule fait chorus comme elle le faisait il y a quelques jours pour les sergents de ville. Et c'est toujours la même foule. Le soldat seul est digne et sérieux. Il représente le devoir.

Les militaires auxquels j'ai parlé (et ils sont nombreux) n'ont en vue que le devoir à remplir envers la France, devoir douloureux, mais qu'il faut accomplir résolûment, énergiquement. Le quartier général de Vinoy est à la Monnaie, ce qui prouve qu'on a rencontré plus de résistance qu'on n'en attendait. La rage des fédérés dépasse toutes les prévisions et c'est un grave sujet de réflexion. La rive gauche est à l'armée. Mazas et la gare de Lyon aussi.

Mais on se bat toujours autour de la Roquette et je n'ai pu y parvenir.

Samedi 27 mai 1871.

J'ai les yeux tellement pleins de ruines et de cadavres français que le cœur me manque.

L'horrible n'a jamais atteint de telles proportions. Les fous-furieux du crime sont déchaînés sur Paris.

A cinq heures du matin, j'étais au quartier général de Vinoy, à la Cité. On n'y savait rien, les situations n'étaient pas sensiblement modifiées. Le temps est pluvieux et les ruines n'ont déjà plus le solennel des premiers jours. Il y a foule. Les habitants sortent sur leurs portes, se groupent et regardent les dégâts. Les drapeaux tricolores sont arborés aux fenêtres.

Rue de Rivoli, en passant devant chez Mme M..., je recueille ce récit de la bouche même d'une héroïne qui s'ignore, Melle D... Elle était avec sa mère, en face de leur maison brûlée, et parlait à une amie :

« Les fédérés arrivèrent l'avant-veille au n° 79, firent des perquisitions, disant que c'était une maison de réactionnaires, mais ce n'était qu'un prétexte. Ils ne trouvaient pas les deux hommes cachés, ne disaient rien à Mme D., veuve d'un médecin, et à ses deux filles, dont l'une était couchée, malade, mais ils pénétraient à l'entresol, enduisaient de goudron l'étude de M. L., versaient le pétrole et mettaient le feu.

Les dames D., asphyxiées par la fumée, veulent fuir, mais les bandits crient de la rue : Fermez tout ! ou nous tirons... Et la mitraille crache au dehors.

L'armée avance. — Il restait un fédéré, un monstre, — noir de poudre, à l'air sauvage et furieux. — Mlle D. s'approche de lui.

— Vous ne voudrez pas voir des femmes mourir dans les flammes ; — laissez-nous sortir !

— Non, répond le monstre, j'ai une mission infernale, mais je la remplirai jusqu'au bout. Je périrai sous les décombres, mais je fusillerai tout ce qui tentera de sortir.

— Vous avez du cœur ?

— Non, je n'ai pas de cœur.

— Si, vous avez du cœur. Eh bien, sauvez ma sœur, que vous avez vue couchée. Sauvez-la, elle est malade et ne peut marcher.

Le monstre, touché, monte, confie son fusil à mademoiselle D. et prend la jeune malade dans ses bras. Il la porte ainsi à travers les balles, lui fait franchir la rue de Rivoli et les rues avoisinantes. A chaque barricade les fusils s'abaissent, puis se relèvent et les fédérés aident les fugitifs à franchir les obstacles.

Ainsi sont sauvées mademoiselle D., sa sœur et sa mère qui avaient suivi.

Quant aux deux hommes, profitant du désarmement du garde, ils cherchèrent un refuge dans une maison en face.

— Il ne nous reste aucun souvenir de mon père, disait mademoiselle D. à son amie, je n'ai sauvé que ce que j'avais sur moi : ma montre et ma croix d'or. Ma sœur aussi avait sa croix sur elle et ce matin elle me disait en souriant : « Ce démon ! il a tout de même sauvé le bon Dieu en me portant, puisque je n'avais que lui avec moi. »

J'ai passé l'après-midi à la Bastille, au milieu des soldats du génie. Les fédérés

cernés de toutes parts se défendent à outrance.

En rentrant à la maison, je trouve l'employé de Mazas, C..... qui me met la mort
dans l'âme.

Voici son récit :

« Aussitôt que j'ai su le transfèrement de
M. Bonjean à la Roquette, je vous l'ai fait
savoir. J'avais entendu prononcer par
Dacosta et d'autres substituts des paroles
menaçantes contre les otages.

« Le 25, en effet, le directeur Garreau,
le sourire aux lèvres, vint dire à Mazas
qu'on avait fusillé la veille les six principaux otages. Je lui demande si M. Bonjean
en était, il ne me répond pas.

Accompagné alors de M. Marchand, le
pharmacien de la prison, je cours a la Roquette, traversant toutes les barricades
grâce à ma commission d'employé de la
Commune. Je trouve un collègue qui me
donne les noms des otages fusillés la veille à 8 heures un quart du soir par un pelo-
ton de gardes nationaux: Mgr l'Archevêque,
M. Bonjean, M. Deguerry, M. Ducoudray,
M. Clerc, M. Allard. Je reviens sur mes pas
pour demander encore ce qu'on avait fait
des corps et on me dit qu'on les a transportés au Père-Lachaise. De retour à Mazas, j'y attendis l'arrivée de l'armée et j'ac-
cours vous informer. »

J'écrivis immédiatement, le cœur navré,

à Mme Bonjean pour la préparer à l'affreuse nouvelle. Je fis partir ma lettre par un officier allant à Versailles et je me mis en quête auprès de M. Husquin, directeur militaire des Postes, d'une dernière missive très-importante que M. Bonjean avait fait mettre à la boîte à mon adresse, par l'employé C... avant de quitter Mazas ; cette lettre contiendrait ses dernières volontés.

Dans la soirée, je me présente au quartier général de Mac-Mahon. Le général Borel me reçoit et je lui fais part de ce que je sais. Il me répond : Nous avons déjà appris par d'autres sources à peu près les mêmes choses. La Roquette est encore aux insurgés, mais nous l'occuperons dans la nuit.

J'insiste pour que des recherches soient faites immédiatement au Père-Lachaise, car il est à craindre que les insurgés aient brûlé les corps de leurs victimes.

J'espérais rejoindre encore dans la nuit le général Vinoy qui s'était transporté vers la barrière du Trône, mais le mot d'ordre m'arrêta au pont d'Austerlitz.

Il pleuvait à verse. Les quais étaient absolument déserts. L'horizon n'était éclairé que par les dernières lueurs de l'immense brasier formé par les débris fumants des greniers d'abondance.

La mitraille et la fusillade continuaient

intenses, saccadées, dans le dernier foyer de l'insurrection.

LA ROQUETTE

28 mai 1871.

Toute la matinée, la bataille est autour de la Roquette. Apprenant que M. Moléon, curé de Saint-Séverin, avait échappé miraculeusement aux massacres, j'allai le voir. Comme j'entrais au presbytère, il en sortait un vieillard, vêtu en ouvrier, avec une blouse blanche, que j'appris être M. l'abbé Crozes, le vénérable aumônier de la Grande-Roquette.

M. Moléon me reçoit. Ses traits sont fatigués par les privations, sa barbe est inculte et on lit sur son visage tout ce qu'il a souffert. Auprès de lui est un ecclésiastique en bourgeois et un monsieur qui sanglote et qui l'appelle « mon cher enfant. »

M. Moléon, s'adressant à moi, me raconte d'un ton doux et ému les horribles choses dont il a été le témoin, et son récit confirme malheureusement tout ce que je savais.

Le 22, à sept heures et demie, arriva à Mazas, comme un coup de foudre, l'ordre

8.

du transfert à la Roquette. Les otages descendirent. M. Bonjean était parmi eux, philosophe, souriant. Ils montèrent dans les voitures de transport du chemin de fer, et la foule les escorta de ses vociférations : « A mort ! à mort ! » jusqu'à la Roquette.

Ils y passèrent la première nuit sur la paille et la pierre.

Le 23 ils eurent l'ineffable consolation après toutes leurs souffrances de se trouver tous réunis dans le chemin de ronde. Les ecclésiastiques entourèrent l'archevêque qui était avec le président. De tous, M. Bonjean était le plus gai, il s'adressait à chacun d'eux en particulier et les encourageait dans les sentiments de la résignation. Ils se préparèrent les uns et les autres au supplice, mais la journée se passa sans apporter aucun changement à leur situation.

Mgr l'archevêque fut transféré de la cellule 1 de la 4ᵉ division à la cellule 21, et M. Bonjean fut enfermé dans la cellule 1.

La journée du 24 se passa dans les mêmes angoisses.

M. l'abbé de Marsy, voisin de cellule du président, put avoir avec lui un long et dernier entretien dans lequel M. Bonjean se montra tel qu'il avait toujours été, sans rien renier des convictions de toute sa vie.

Le soir, à huit heures, on vint dans le corridor faire l'appel nominal, et les six principaux otages sortirent de leurs cellules. M. Bonjean le premier. Il traversa la cour avec fermeté et à huit heures un quart il tombait sous les balles des assassins.

Il fut admirable jusqu'au bout, me dit M. de Moléon, et il est mort en héros et en chrétien.

L's jours suivants les massacres se renouvelèrent, puis il y eut révolte dans les prisons. Quelques-uns des détenus et des galériens dont on avait voulu faire des complices s'armèrent contre les gardes nationaux et après les avoir mis en fuite sortirent de la prison. A leur suite et avec eux sortirent M. Moléon et quelques autres otages.

Aussitôt après avoir recueilli le récit de la bouche de l'honorable victime, je fus à la Roquette, en passant par Mazas et par le quartier général de Vinoy.

Je fis route avec un marin qui venait d'aller embrasser sa mère. Sur tout notre parcours la foule ouvrière était grande et silencieuse. Les gamins à qui nous demandions le chemin s'empressaient de nous escorter.

— Tu n'es pas un insurgé, au moins ? leur demandait le gentil marin. Je n'ai pas confiance en toi.

— Oh ! non, monsieur le marin, répondait naïvement l'enfant ; je suis encore trop jeune.

La Roquette est un camp : partout des canons, des chevaux et des soldats. On m'envoie au Père-Lachaise, et là encore il n'y a que des troupes.

Le gardien du cimetière, un manchot, médaillé, me dit que les bières sont dans la chapelle mortuaire.

Quatre personnes, en effet, m'avaient précédé : M. Laboureur, pharmacien, M. Delamarre, architecte, le R. P. Escalle, et un autre ecclésiastique, M. Lacroix.

Ils avaient fait exhumer de la fosse commune, à l'extrémité du cimetière, les cadavres des six principaux otages qu'ils avaient reconnus. Ils avaient enlevé l'archevêque, M. Deguerry, M. Ducoudray et M. Clerc, et avaient fait mettre les corps de M. Bonjean et de M. Allard dans des cercueils.

Je fis l'ascension vers la chapelle, seul, sans voir et singulièrement oppressé. Quelques officiers se tenaient sur la plate-forme et regardaient Paris à leurs pieds.

Dans un des coins de la chapelle se tenait l'état-major du 74e de ligne. J'allai quérir un ouvrier qui dévissa la bière... Cet homme était étourdi et les soldats vinrent à son aide... Je m'approchai au milieu des officiers découverts et je reconnus M. Bonjean !.............................

Avant de quitter le Père-Lachaise, le fossoyeur, un nommé Henriot, me raconta comment, le 25, les insurgés étaient venus le requérir avec deux de ses camarades. Cet homme, épais, un peu aviné, me disait des épisodes de ce drame lugubre... les poches coupées... jusqu'aux boucles des souliers enlevées... et il témoignait l'horreur que cela lui avait inspiré. — Tout à coup, revenant encore à moi, il me dit : « Il faut, monsieur, que je vous donne un souvenir, » et, de sa bourse graisseuse, il tire un morceau de la robe violette de l'archevêque. — Les soldats campent assis autour des tombes souillées et profanées et devisent des événements et de la fin de la lutte.

Marchant vite et la vue arrêtée à chaque pas, dans Paris, par des monceaux de cadavres, ayant par dessus tout et toujours devant les yeux le corps mutilé de M. Bonjean, j'allai à l'hôtel des Postes. J'y trouvai le directeur général, M. Rampont, qui était un ami de M. Bonjean et qui se chargea de faire parvenir lui-même ma dépêche à sa famille.

Infortunée famille !...

29 mai 1871.

Je suis retourné au Père-Lachaise avec le docteur Ollivier, M. Laboureur et Ecochard, le domestique de M. Bonjean. Le docteur et le pharmacien ayant constaté qu'il n'y avait rien à faire d'immédiat pour l'embaumement, me quittèrent et je retournai à la Roquette.

Là, je fis de vaines et minutieuses recherches pour retrouver le sac de nuit, les papiers, ou quelques-uns des objets ayant appartenu à M. Bonjean. On m'affirma que tout avait été brûlé par les insurgés. Je visitai toutes les cellules, si nues, si sombres et si tristes de la 4e division. Je visitai le chemin de ronde et suivis pas à pas le calvaire du martyr du devoir. C'est ici, me dit le gardien qui m'accompagnait, qu'ils ont été fusillés, à deux pas en avant de la muraille. Une voiture à bras fut amenée et on les emporta trois par trois au Père-Lachaise.

Il est difficile d'avoir des renseignements précis sur le drame, mais tous ceux qui en parlent sont unanimes dans l'admiration inspirée par l'héroïsme de M. Bonjean.

Il s'est avancé à la mort avec un calme et une sérénité parfaits, et comme Monseigneur, épuisé par les privations, s'affaiblissait un peu, M. Bonjean lui dit à haute voix : Allons, Monseigneur, appuyez-vous sur mon bras, c'est le bras d'un ami et d'un bon chrétien.

Arrivé au lieu de l'exécution, il resta auprès de Monseigneur et dit encore : Montrons-leur comment un prêtre et un magistrat savent mourir ; puis se croisant fièrement les bras sur la poitrine, il attendit la mort.

Dix-neuf balles le frappèrent, toutes par devant. La tête seule n'avait pas été touchée, mais tous les membres étaient fracturés. Les assassins auront dû abaisser leurs armes sous ce regard de feu animé par l'héroïsme du martyr.....

M. Bonjean est bien mort les bras croisés ainsi que le témoigne le trajet de balles reçues aux bras... Comme aucune des blessures n'était mortelle, il s'est soulevé encore, regardant une dernière fois ses bourreaux et on l'a achevé... par un coup de feu derrière le pavillon de l'oreille gauche. Ma main tremble en écrivant ses horribles détails qui m'ont été certifiés par le docteur Ollivier et M. Laboureur qui ont dressé procès-verbal en procédant à l'embaumement temporaire.

A une heure et demie, le corbillard que j'avais envoyé chercher arriva au cimetière, et j'escortai les dépouilles de M. Bonjean jusqu'à la rue de Tournon où ces messieurs étaient venus me rejoindre... M. Bonjean est sur son lit, dans son cabinet de travail, au milieu de cette bibliothèque qui lui était si chère et où s'est consumée sa laborieuse vie.

.... Ses serviteurs le veillent tour à tour et j'attends mes malheureux amis.

30 mai 1871.

Mes amis sont arrivés... J'avais d'abord pensé aux funérailles, et j'avais écrit à l'archevêché d'où l'on ne m'a pas répondu, mais ce codicille nous dicte les dernières volontés de l'infortuné président, qui a voulu être simple même au delà du tombeau.

Codicille relatif à mes funérailles à ouvrir immédiatement après ma mort.

Paris, le 3 août 1866.

BONJEAN.

CODICILLE RELATIF A MES FUNÉRAILLES

« Voulant éviter les obsessions et les
« exactions dont les familles sont trop sou-
« vent l'objet au décès de leurs membres,
« ma volonté formelle est que mes funé-
« railles aient lieu avec la plus grande
« simplicité; je prends en conséquence les
« dispositions suivantes dont je recom-
« mande instamment l'exacte observation
« à ma veuve et à mes enfants :

« 1° Je désire être inhumé dans notre
« tombeau de famille à Orgeville, à côté
« de ma fille bien-aimée.

« 2° En quelque lieu que je vienne à
« décéder, mon corps sera placé dans une
« bière en chêne non garnie de plomb;

« les vides en seront remplis avec du
« charbon en poudre et autres matières,
« propres à prévenir la trop prompte dé-
« composition, et à faciliter le transport
« de mon corps à Orgeville, comme je l'ai
« fait pratiquer pour notre bon serviteur
« Christian.

« 3° Ainsi disposé, le cercueil sera
« placé dans une voiture et conduit direc-
« tement au château d'Orgeville, comme
« on l'a fait pour Christian.

« 4° Il restera déposé dans le salon jus-
« qu'au moment de procéder à l'inhuma·
« tion,

« 5° Il ne sera célébré de service reli-
« gieux qu'à Orgeville et *nulle part*
« *ailleurs.*

« 6° Mon corps sera porté par les frères
« de la charité du château à la Chapelle,
« où sera dite une *seule messe basse*, avec
« les prières d'usage.

« 7° Il y aura, au plus, douze cierges
« autour du cercueil et huit sur l'autel.

« Dans les lettres de faire part sera
« inséré un *post-scriptum*, expliquant que
« c'est pour obéir à mes volontés *très-*
« *expresses* que mes funérailles ont lieu
« de cette manière.

« Telles sont mes dernières et très-
« expresses volontés.

« BONJEAN.

« Paris, le 3 août 1866.

« Le post-scriptum pourrait être à peu
« près rédigé ainsi :

« P.-S. — Pour éviter à ses parents,
« à ses amis et à ses honorables collègues
« la fatigue et les émotions pénibles qu'en-
« traîne la trop grande solennité des fu-
« nérailles, M. Bonjean a plusieurs fois
« exprimé, de vive voix et par écrit, la vo-
« lonté formelle que ses funérailles fussent
« célébrées seulement à la chapelle d'Or-
« geville et avec la plus grande simpli-
« cité. Conformément à cette volonté si éner-
« giquement manifestée, le service religieux
« aura lieu à la chapelle d'Orgeville. »

En lisant cet acte si simple et si métho-
dique où tout est prévu et où le maître se
plaît à se rapprocher du serviteur, je me
reporte par la pensée au château patriarcal
d'Orgeville.

Non loin du château est située la chapelle où se trouve le caveau de famille.
Dans le petit jardinet qui la précède s'élève
une tombe, une seule, et sur la dalle j'ai
lu cette inscription :

A son fidèle serviteur
Christian Wursten,
né à Siáven (Suisse) en 1817;
Décédé à Paris le 5 janvier 1866
Dans les bras de ses maîtres,
Qu'il avait servis
Avec un dévouement incomparable.
La famille Bonjean reconnaissante.
Exaltabuntur humiles.) St Luc, XIV, 11.

M. Bonjean a été enseveli.

NOTE RÉTROSPECTIVE. — A peine la cour d'appel de Riom eut-elle appris la mort tragique de son ancien premier président, qu'elle se réunit spontanément et fit célébrer avec solennité un service funèbre dans la Sainte-Chapelle pour le repos de son âme. .

Après la cérémonie, la cour se réunit dans la grande salle des délibérations, et M. Moisson, premier président et successeur de M. Bonjean, prononça quelques paroles éloquentes et émues en prenant pour texte de son discours la divine parole : « Heureux ceux qui souffrent persécution pour la justice !... »

Cet hommage rendu spontanément à la mémoire de l'illustre martyr par cette cour d'Auvergne, à laquelle il avait été si fier d'appartenir un moment, est certainement le plus simple et le plus touchant qu'il dût recevoir.

31 mai 1871.

Les fils de M. Bonjean sont partis dans la nuit avec une amie intime de leur mère.

A une heure, la voiture des pompes funèbres arriva à la maison mortuaire. Les porteurs descendirent le cercueil. M. Louis Hébert, neveu de M. Bonjean, M. Gaye, montèrent dans le coupé.

Sur ce mot : Adieu ! la voiture s'éloigna, se dirigeant vers Orgeville...

Les volontés expresses de M. Bonjean étaient remplies...

Voilà mon témoignage.

CHARLES GUASCO.

APPENDICE. — Le 31 mai, la poste m'apporta la précieuse et dernière lettre de M. Bonjean, que M. Rampont avait bien voulu faire rechercher.

J'ai demandé à mes amis de m'en livrer quelques fragments, et je vous les remets.

DERNIÈRE LETTRE DE M. BONJEAN

Mazas, ce 20 mai 1871.

« Lettre contenant mes adieux à ma famille pour le cas où je viendrais à périr « dans la crise actuelle.

« Je prie mon excellent ami Charles « Guasco, rue de Buci, 27, de remettre « (au cas de mort ci-dessus prévu) la présente lettre à mon fils Georges Bonjean, « à Orgeville, par Pacy-sur-Eure, afin « qu'il puisse annoncer la fatale nouvelle « à ma malheureuse femme avec tous les « ménagements que réclame son déplorable état de santé.

« BONJEAN. »

Mazas, ce vendredi 19 mai 1871.

« Quand je vous écrivais ce matin, à ta bonne mère et à toi, j'avais déjà lu, dès hier soir, dans l'*Officiel* du 18, la séance de la Commune du 17, dans laquelle, en représailles de prétendues cruautés commises par les soldats de Versailles, on a proposé successivement la mise à mort de dix otages désignés par un tirage au sort, puis l'établissement d'un tribunal révolutionnaire dont les jugements seraient exécutés dans les vingt-quatre heures, pour en revenir enfin à ordonner l'exécution pure et simple et immédiate du décret du 4 avril, d'après lequel les personnes reconnues coupables de complicité avec le gouvernement de Versailles seront déclarées *otages du peuple de Paris*, et dont l'article 5 ajoute que toute exécution d'un prisonnier ou d'un partisan de la Commune sera suivie, de suite, de celle d'otages en nombre triple, désignés par la voie du sort.

Assurément, il ne peut y avoir contre moi l'ombre, l'apparence d'une complicité avec Versailles contre la Commune créée le 18 mars..... mais l'évidence même me servira de peu devant un jury qu'on aura sans doute composé de manière à obtenir toutes les déclarations que l'on voudra.

En admettant d'ailleurs que la Commune

recule encore devant l'exécution de ce
barbare décret, il est fort à craindre
qu'une partie de la population, fanatisée
par les prédications des clubs et de quelques détestables journaux, ne cherche à
se venger de sa défaite prochaine en re-
nouvelant dans les prisons les massacres
·de septembre 1792.

C'est dans cette alternative que je vis
depuis soixante jours, mon cher enfant.
Jusqu'à ce jour, tout en .m'efforçant de
vous préparer peu à peu à la pensée d'une
douloureuse séparation, j'avais évité de
vous faire connaître la véritable situation.
Mais aujourd'hui que l'assaut va être donné
aux remparts et que la guerre civile va dé-
ployer dans l'intérieur de Paris ses fureurs
croissantes, un dénouement fatal semble
si probable et si prochain que, dans la
crainte qu'il ne me soit même pas permis
de vous adresser un dernier adieu, je crois
prudent de vous donner dès à présent ma
suprême bénédiction comme le couronne-
ment d'une vie qui vous fut toujours si exclusivement dévouée, mes bien-aimés.

Vous ne saurez jamais, mes bons chéris,
ce qu'il m'a fallu faire d'efforts sur moi-
même depuis soixante jours et ce matin
surtout en vous écrivant pour ne pas laisser déborder les flots de tendresse qui gon-
flaient mon cœur à la pensée de ne plus
vous revoir; et je remercie Dieu d'avoir

pu les contenir assez pour éviter à la sainte et adorée compagne de ma vie un coup prématuré .qu'il sera toujours bien assez temps de lui porter quand mes prévisions seront devenues une lamentable réalité.

Je vais prendre toutes les mesures en mon pouvoir pour que cette lettre ne soit remise qu'à toi seul, après l'événement, et que tu puisses, à ton tour, en instruire notre angélique sainte, avec les précautions, les transitions, les ménagements qu'exige sa santé déjà si compromise par de si longues et si cruelles angoisses.

Crois bien, mon cher enfant, que la mort n'a rien qui m'épouvante.

Si je n'ai pas été aussi exempt que je le voudrais des fautes et des faiblesses inhérentes à l'humaine fragilité, j'aime à espérer que la justice divine fera entrer en compensation tant d'années consacrées au travail et à l'accomplissement de mes devoirs, comme époux, comme père, comme citoyen, comme fonctionnaire. Je remettrai donc mon âme, avec une certaine crainte, sans doute, mais aussi avec une crainte tempérée par la confiance, dans les mains du Juge Suprême qui seul peut sonder les cœurs.

. . . .

Ah ! oui, *si j'étais seul*, cette mort qui peut m'atteindre dans quelques jours, dans quelques heures peut-être, n'aurait rien qui pût me troubler beaucoup; mais je ne suis pas seul.

. . . .

Ah! c'est là surtout que se trouve l'amertume de mon calice! Et en certains moments cette amertume atteint presque les proportions d'un remords; il y a des moments où je me demande si j'avais bien le droit de risquer, de compromettre cette vie si précieuse, pour remplir, peut-être avec exagération, mes devoirs d'homme public et de magistrat. Pour le premier siége, je ne me reproche rien : puisque tu devais, comme soldat, rester à Paris, ma présence y était comme un trait d'union entre ta mère et toi; j'étais là pour te soigner si tu venais à être blessé; pour donner de tes nouvelles plus souvent que tes devoirs militaires ne t'auraient permis de le faire; j'espère donc que mon séjour à Paris aura pu être pour ta pauvre mère un allégement plutôt qu'une aggravation de l'inquiétude que devaient nécessairement lui faire éprouver les dangers auxquels elle te savait exposé. Mais, après la capitulation, n'aurais-je pas dû tout quitter pour aller la serrer sur mon cœur? Au 19 mars n'ai-je pas aussi exagéré mes devoirs d'homme public en rentrant dans ce Paris en révolution, où ma présence devait être si stérile pour le bien public, si funeste pour notre famille? — Voilà, mon cher enfant,

les doutes qui parfois tourmentent ma
conscience........................
....

Aux mérites déjà si grands de ta vie si
pure, il faut ajouter un mérite nouveau,
celui de supporter ma perte avec la résignation d'une chrétienne. C'est précisé-
ment parce que je ne serai plus là que ton
premier devoir sera désormais de te conserver pour nos enfants, dont les deux plus
jeunes ont encore tant besoin de tes soins
et de tes conseils. Arme-toi de courage,
soigne ta santé. Continue à être ce que tu
fus toujours, l'âme et la lumière de notre
famille, c'est la suprême prière que je t'a-
dresse en ce moment solennel. C'est pour
moi une douceur ineffable de penser que
cette prière sera exaucée par toi, ma bien-
aimée.

Il est déjà tard et je n'ai encore reçu
aucune citation. Je vais dormir ; demain j'a-
jouterai quelques mots pour nos chers
enfants.

Ce samedi, 20 mai.

Quant à vous, mes chers enfants, j'ai
peu de chose à vous dire ici, d'abord parce
que tant que vous aurez le bonheur de
conserver votre sainte mère, vous ne sauriez avoir un guide plus sage, plus éclairé,
plus digne d'être écouté avec la plus tendre

9

et la plus respectueuse déférence; en second lieu parce que je ne pourrais guère que répéter les instructions que ma tendresse dévouée vous a déjà adressées dans un testament rédigé par moi pendant le premier siége de Paris. Il s'y trouve notamment un chapitre sur l'*Union dans les familles*, dont il me semble convenable de vous engager à faire, chaque année, la lecture en commun, le jour anniversaire de ma mort. Les instructions et conseils contenus dans ce testament m'ont paru pouvoir vous être si utiles que je n'ai pas reculé, malgré la longueur du travail, à en écrire de ma main trois exmplaires, pour que chacun de vous pût avoir le sien et le conserver comme un monument de cette affection sans limite qui, après avoir veillé sur vous pendant ma vie, voudrait encore étendre sur vous sa protection, alors que je ne serai plus.

Je n'ajouterai qu'un mot, mes chers enfants.

Que la persécution que je souffre et la mort sanglante qui d'un moment à l'autre peut terminer ma laborieuse vie ne soient pas pour vous une cause de découragement. Ne dites pas : A quoi a servi à notre père ce long dévouement à tous les devoirs?

— Que n'a-t-il fait comme tant d'autres qui, moins austères, moins rigides, ont su se mettre à l'abri du danger et jouis-

sent maintenant d'une heureuse vieillesse?
— Oh ! non, ne le dites pas, et n'en croyez
pas ceux qui vous tiennent un tel langage ; car moi qui n'ai jamais trompé personne, moi qui voudrais encore moins
tromper mes enfants en ce moment solennel, je vous affirme que, si misérable
que puisse être la fin qui paraît m'être
destinée, je ne voudrais à aucun prix avoir
agi autrement que je ne l'ai fait. C'est que
le premier bien, mes chers enfants, c'est
la paix de la conscience ; et que ce bien
inestimable ne peut exister que pour celui qui peut se dire : *J'ai fait mon devoir.*

Faites donc votre devoir, en toute occasion, mes chers enfants, et ces devoirs
sont nombreux et divers. Devoir de tendre
déférence envers votre mère ; devoir d'af-
fectueux dévouement de chacun de vous
envers ses frères ; devoirs envers votre patrie si malheureuse et qui ne pourra se rele-
ver que par le concours dévoué des hommes
de devoir.

Vous entrez dans la vie à une époque
de transformation sociale dont personne ne
peut voir encore clairement la portée et ses
conséquences : Je ne saurais donc vous guider dans le choix d'une carrière, non-seulement parce que, au moins pour Maurice
et Jules, il n'est pas encore possible de
connaître sûrement leurs aptitudes et leurs

vocations, mais aussi et plus encore parce
que dans les formes nouvelles que pourra
prendre la société il est plus que probable
que les diverses carrières perdront beaucoup de leur ancienne valeur. Mais quelles
que puissent être ses formes nouvelles, la
société, si elle ne veut périr, aura toujours
besoin d'hommes *instruits* et *laborieux*.

Appliquez-vous donc, mes chers enfants,
à acquérir des connaissances solides et va-
riées qui fassent de vous des hommes
utiles, capables de gagner honorablement
leur vie, quelles que puissent être les révo-
lutions qui viennent encore bouleverser notre malheureuse patrie.

Je vous recommande surtout l'étude des
langues vivantes étrangères, et, tout particulièrement, celle de l'anglais qui est, à
vrai dire aujourd'hui, la langue univer-
selle du commerce dans les trois quarts
du globe. Avec la connaissance aussi parfaite que possible de cette langue, une
bonne écriture et la connaissance de la
comptabilité commerciale, vous êtes certains de pouvoir gagner honorablement
votre vie, en quelque pays que puissent
vous porter les orages qui agitent en ce moment le monde. C'est pour moi un regret
amer, je dirais presque un remords de n'a-
voir pas fait tout ce que j'aurais dû et pu
faire pour vous faire apprendre cette langue dans les premières années de votre vie.

Vous m'aiderez, n'est-il pas vrai, à réparer cette faute, en consacrant à cette étude les moments de loisir que vous laissent les études classiques....................
....

Et maintenant, ma chere Adèle, mes chers enfants, recevez avec mes plus tendres embrassements les bénédictions que je vous envoie du fond d'un cœur bien dévoué.

BONJEAN.

LE PARDON

Il appartenait à l'illustre martyr de donner le grand exemple du pardon! Le jour où il fut insulté par Ferré dans des termes dont je n'ai pas voulu reproduire le cynisme et la barbarie, comme on lui avait signifié qu'il serait fusillé le lendemain matin, il veilla et écrivit à sa famille cette lettre par laquelle il pardonnait à ses bourreaux avant de mourir...

« Paris, nuit du 29 au 30 mars 1871.

« Ma chère Adèle bien-aimée et mon
« cher Georges, je ne sais quel pressen-
« timent m'empêche de dormir, et me
« porte invinciblement à vous adresser
« quelques paroles dans le silence de la
« nuit.

« Je vous déclare, dans toute la sincé-
« rité de mon cœur, que je pardonne à
« ceux qui me font subir cette injuste
« captivité, comme je désire que Dieu par-
« donne à moi-même les fautes que j'ai
« pu commettre.

« Ne cherchez pas à connaître les noms
« de ceux qui me retiennent ici contre
« toute justice et toute raison ; et surtout
« ne cherchez jamais à en tirer aucune
« vengeance directe ou indirecte. »

BONJEAN.

FIN

PARIS. — TYPOGRAPHIE A. POUGIN, 13, QUAI VOLTAIRE.

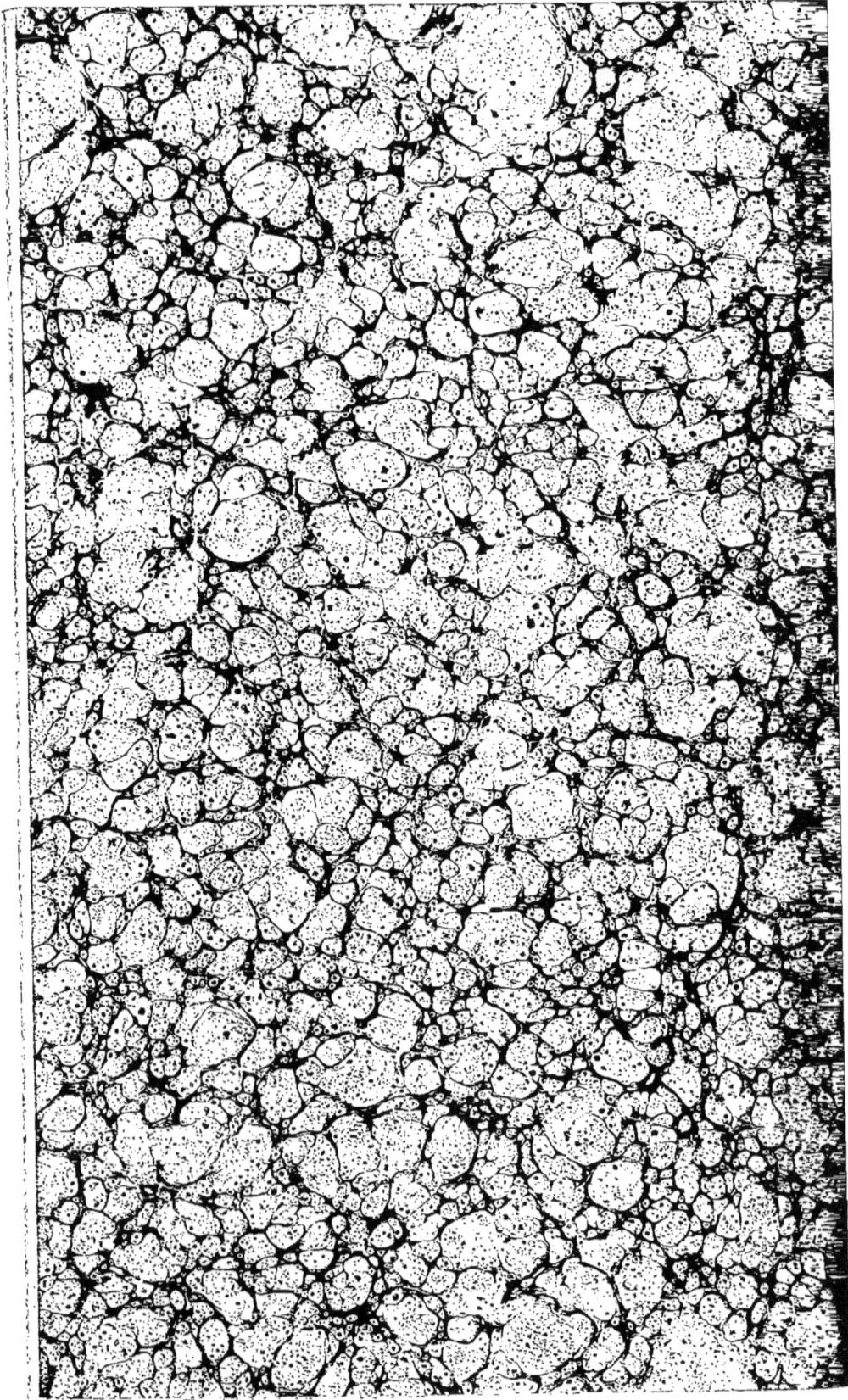

BIBLIOTHEQUE NATIONALE DE FRANCE

3 7531 04324543 1

www.ingramcontent.com/pod-product-compliance
Lightning Source LLC
Chambersburg PA
CBHW071949090426
42740CB00011B/1867

* 9 7 8 2 0 1 9 6 0 4 6 0 8 *